U0165441

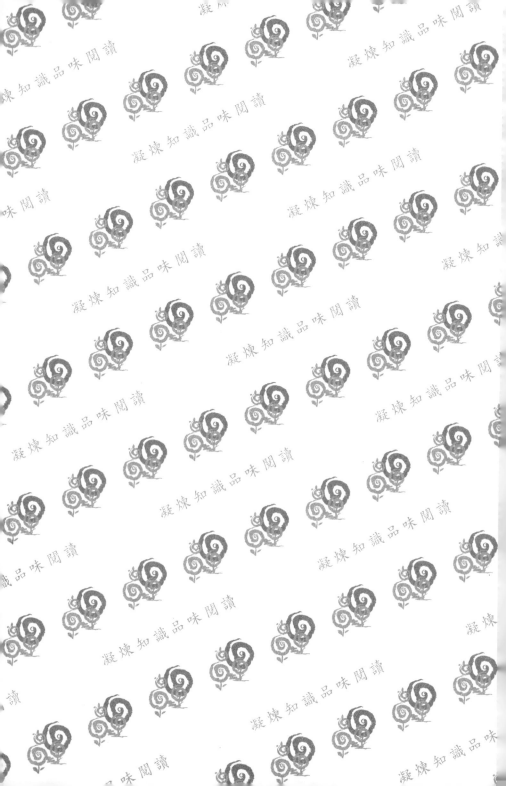

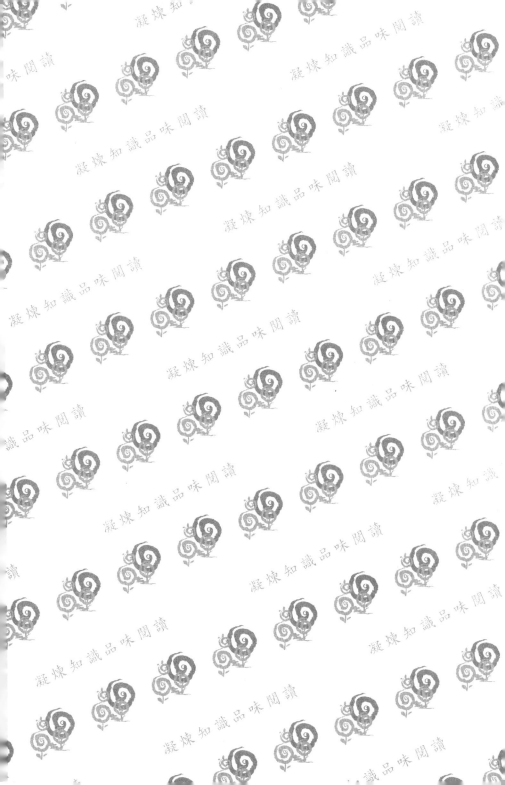

林賢宗 著

自由心證
法制新趨勢
——從自由心證主義之發展軌跡談起

五南圖書出版公司 印行

自　序

　　自由心證主義自我學法以來即一直盤桓在我心中，如何運用妥當恰到好處，實在是法律人的一大課題，一般人總覺得學法只要把法條搞懂弄通就可以運用自如，其實條文搞懂了，還要能瞭解立法的用意、學理的根據、社會的情勢，運用法律才能恰如其分。這是每個學法的人都瞭解之事。但是法律要解決世間百態，有時而窮，很多事情還得衡情度理從人情事理、風俗、習慣、經驗……中找答案，一個通情達理、學富五車、處事經驗豐富的人，用起法律自然比涉世未深初出校門的學子更能得心應手，這是必然的道理。

　　講到法律，很自然會從實體法及程序法加以分類理解，實體法如民法、刑法……是規定一般民事、刑事責任的行為準則，而程序法則是規定如何運用實體法的程序法則，不論實體或程序法既然都是供作人們運用法律

的準則，其有未規定者，實體法如民法則依習慣，無習慣則依法理，問題總要解決，刑法法律則無明文規定者不罰，程序法海洋法系依判例，大陸法系依制定法，無判例又無制定法時如何解決？在採用證據做判斷時就有所謂「自由心證」產生，自由心證如果沒有界線，就有可能被濫用，而失去法治的意義，因此各國自古以來就有各種學說研究如何制定「自由心證」的規則給司法者參考引用，國內亦不乏這方面的研究及著作，惟從歷史發展的軌跡加以整理介紹者尚不多見。

筆者於留日期間適逢該國學者對此一話題討論頗多，而有接觸，回國三十多年來國內訴訟法，特別是刑事訴訟法修法頻度加快、範圍加廣、時間拉長，除引進大陸法之外亦有不少英美法制，因而可以看出其進化的軌跡，而從此軌跡才可以看出此一法制將來可能行進的方向，因此不揣簡陋將之整理以呈獻給國內法學同好及先進，又承五南圖書出版股份有限公司發行人楊榮川先生、劉副總編輯靜芬女士慨允出版，及承鄭美香小姐排版、呂伊真小姐再三校正及添加插圖，引人入勝，作為個人退休前的獻禮，衷心至為銘感，不過由於個人近年

體力漸衰，不耐久讀，又接觸新著不多，疏漏難免，尚
祈各界賢達不吝指正，是為序。

林賢宗 謹述

民國110年1月25日

目　次

第一章　前　言

我國刑事訴訟法第155條第1項規定：「證據之證明力，由法院本於確信自由判斷。但不得違背經驗法則及論理法則。」第2項：「無證據能力、未經合法調查之證據，不得作為判斷之依據。」民事訴訟法第222條第1項前段亦規定：「法院為判決時，應斟酌全辯論意旨及調查證據之結果，依自由心證判斷事實之真偽。」此即我國社會各界一直以來批評不斷的所謂「自由心證主義」的法律根據。由於我國刑事訴訟採取此一措施係直接沿襲德日訴訟制度而來，非沿襲我國傳統的糾問式容許拷問取得證據之法定證據主義，因此欲瞭解此一訴訟制度之利弊得失及其改進方向，自須追本溯源從德日乃至其上游之法、義、英、美等國之歷史演進加以瞭解，始能克盡其功！

筆者有鑑於國內外對此一制度之批評聲音不斷，且在實務上遭遇不少因裁判官運用自由心證不當，導致判斷事實偏差，因屬裁判官認定事實之職權範圍，而無法獲得救濟之案例，覺得有待改進之空間仍大，於早年留學日本早稻田大學法學博士後期課程期間，獲得指導教授內田一郎先生之指教，蒐集該國關於此一制度演進之不少論著加以研究，並定期與內田教授進行討論，略有收穫，近年以來，國內司法改革聲音不斷，刑事訴訟

程序亦透過幾次修法逐漸趨近歐美制度，惟多著重於人員之增設（司法及檢察事務官、法官助理）、司法官評鑑、證人交互詰問、陪審制度、專業法院、訴訟審級、簡易判決、認罪協商、緩起訴、參與沒收……等形式程序之改進，對於審判官認定事實之職權，除引進英美的證據排除法則、傳聞法則、限制證據資格（能力）之外，咸少加以干涉，因此審判官認定事實之職權依舊不小。上開制度之引進對於自由心證主義之運用範圍雖有限縮之作用，但對於審判核心價值之真實發現、影響仍然有限！因此至今仍然招致外界不少批評！而國內關於自由心證主義之研究多偏重於對此一主義之存在價值[1]及其法理結構、擔保機制、證明程度作縱深的觀察，並將被告及共犯之自白、告訴人之陳述、審判筆錄之證明力等歸類為自由心證之例外加以研究[2]，或將自由心證之推理過程加以剖析[3]，或同時依刑事訴訟法之規定及既有之判例分析何種狀況始得推論（犯罪）事實[4]，雖有助於實務上對自由心證主義之操作使之趨於合理，惟對於自由心證主義誕生以來，各國經由實務之運作逐漸修正其運作之範圍，及排除法則產生之經過，乃至學界交互影響所生潮流橫向擴及對各國司法實務及立法之影響，導致此主義運作空間的變化，特別是對我國刑事訴

---

1 翁淑珮：刑事程序法上自由心證主義之研究。
2 葉志飛：刑事訴訟自由心證主義之研究。
3 蔡墩銘教授：刑庭推事的自由心證，臺大法學論叢15卷2期，頁17-60。
4 周淑厚法官：證據法論，頁320；陳靜隆教授：刑事自由心證之研究，軍法專刊63卷第3期，頁58-83。

訟法制今日樣貌形成之原因，尚少介紹，因此不揣簡陋興起從此一面向，特別是美日等國刑事訴訟法制、實務操作及學界議論，造成此主義運用空間的變化及形成的潮流、以日本學界引進證據排除法則為發端之改革及其發展趨勢、對我國刑事訴訟法的影響，就個人管見之刑事訴訟層面，加以整理，以介紹於國人之想法。

第二章　自由心證主義與實體的真實發現

　　在進入本題以前，首須說明的是：刑事裁判自古以來即以追求事實真相，還原事實原貌，然後對犯罪者課以該當之刑罰，為其追求之主要目標。因此訴訟程序無不以實體的真實發現為其終極理想，此即所謂「實體的真實發現主義」，然過程中為免法官為求迅速結案或失之主觀致背離真相，因此對其認定事實多要求須依證據為之。無證據不得僅憑法官個人的直覺即加判斷，以免漫無標準，即所謂的「證據裁判主義」；惟所取得之證據如何評價？有無限制？抑或須具備何種條件始得加以採用？常因國情、時代演變而有不同的做法，例如以前的「法定證據主義」，要求須至少有二個以上之證人，或被告之自白始能定罪，因此延伸拷問刑求之問題，其後因往往發生屈打成招產生冤獄，加上時代進步科學辦案技巧日益成熟，乃逐漸揚棄此種辦案方式，且為免法官恣意行事，流於專斷而有「消極的法定證據主義」產生[1]，其後又因此舉漸不敷法官辦案需要，自由心證主義於焉流行。

1　積極的法定證據主義主張需具備一定的證據始能為有罪之認定；消極的法定證據主義，則主張未具備一定的證據即應為無罪之認定。

第三章　自由心證主義之源流

　　如前所言，我國採用自由心證主義既沿襲自日德等國，日德採用此制之歷史自有加以探討之必要。

　　日本於8世紀初原繼受我國的訴訟制度，制定大寶律令（西元701年）、養老律令（718年），其中雖參雜有西方彈劾主義（Impeachment System）的一些精神，但實質仍是職權主義（法官兼檢察官，同時負責提出證據、證明被告有罪）、自白偏重、認可拷問之糾問主義（Inquisitorial System）訴訟程序，至鎌倉時代（1192-1333年）、德川時代（1603-1867年，或稱江戶時代）為止，包括偵查、公訴、審理、判決可說全部均為典型的糾問主義程序[1]。甚至明治維新初期之新律綱領（1870年）、改定律例（1873年）仍然採取自白優越主義，其後為了廢除因「黑船來襲」被迫門戶開放而與西方列強簽訂的領事裁判權等不平等條約[2]之

1　庭山英雄：自由心證主義，頁177。
2　日本嘉永6年（1853年）美國海軍准將馬修‧佩里（Matthew Calbraith Perry）帶艦隊駛入江戶灣浦賀海面，逼迫江戶幕府開國，無功而返。艦隊四艘都漆黑色，因此稱為「黑船」。第二年（1854年）佩理再帶艦隊到江戶灣，最後成功逼迫幕府同意簽署《神奈川條約》開放門戶。該約日本通稱《日米和親條約》。簽約代表分別為日本方面全權代表林復齋，和美國方面全權代表東印度艦隊司令馬修‧佩里。條約中主要規定日本必須開放下田與箱館（今函館市）兩港口與美國通商，並向遇難船隻的美國船員提供援助；至1856年8月，美國派遣T. 哈里斯抵日本下田，再度逼迫江戶幕府同意開設由他擔任總領事的美國駐日總領事館。至1858年7月29日幕府又被迫簽訂了

故，乃於明治9年（1876年）採納了法國學者波亞蘇那度（Boissonade）提出之意見，將新律綱領及改定律例之拷問及「法定證據主義」[3]加以廢止，參考法國治罪法（1880年公布、1882年施行）第342條：「裁判官或陪審員於慎重公平審理之後達到有罪之確實心證時，得為有罪之宣判。」改採自由心證主義及相關的證據法則[4、5]。包括公開主義、辯論主義、證據裁判主義等近

《日本國美利堅合眾國修好通商條約》和貿易章程。同年8月至10月又先後與荷、俄、英、法簽訂了內容類似的條約和章程。這五個條約均簽訂於安政5年，故通稱為《安政條約》，內容包括：1.除下田、箱館兩港外，增開神奈川（今橫濱）、長崎、新潟、兵庫（今神戶）四港及江戶、大阪兩市（神奈川開港6個月後，關閉下田港）；2.相互在首都派駐外交代表，在開放港口派領領事；3.外國人可以和日本人在上述地區不受限制地自由貿易；4.內外貨幣同種等量交換；5.外國人有在開放港口城市設租界一類居留地的特權；6.外國人享有領事裁判權；7.締約的外國享有片面的最惠國待遇；8.實行議定關稅稅率，完全剝奪了日本關稅自主權。此條約使日本的主權受到嚴重損害，半殖民地化危機加深。乃有後來的明治維新運動。

3 指證據證明力之強弱由法律予以規定，法院受法規拘束，不得由法官自由之意思而為判斷。

4 此一條文係自拿破崙法典刑事訴訟法之相關規定簡化而來。按1808年法國刑事訴訟法第342條規定：「法律不要求陪審官通過何種方法認定事實，也不為陪審官規定任何規則據以判斷證據是否完全或充分；法律僅要求陪審官深思細察，本諸良心誠實推求已經提出對被告有利或不利的證據，在其理智上所產生的印象；法律不要求陪審官：需經若干人證明的事實即為真實；法律也不要求，未經某種紀錄、某種證件、若干證人、若干憑證證明的事實，即不得視為已有充分的證明，法律僅對陪審官提出：你們內心已否形成確信？此即陪審官職責之所在。」此種給予法官充分自主判斷事實之規定，即為自由心證主義之濫觴。由於法國經過大革命推翻路易十六專制統治之後，雖然經過多次戰爭及共和、君主立憲交替統治，但自大革命以來提倡自由、平等、博愛的人權思想及法制，隨著帝國版圖的擴大而普及，雖拿破崙帝國最後覆亡，但其法制則受到普遍的讚揚，正如拿氏自言：「我一生的光輝不是打了四十場勝仗，滑鐵盧一役抹去了所有的榮耀，唯有我的法典將流傳於後世。」確實不假，翻閱現代民主國家法律體系之原型多少均與此一法典有關。此在日本明治維新初期，更可說是歐陸諸國最先進之法制，因此成為日本西化法制模仿之對象，此所以在司法改革上會招聘法國學者之原因。

5 日本學者稱：波氏廢止拷問之理由之一，乃在排除日本獲得對外國人裁判權

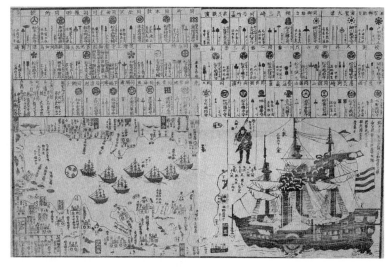

黑船來襲

圖片來源：維基百科，https://zh.wikipedia.org/zh-tw/黑船。

代的證據法則及法院組織均不例外[6]，這與其所沿襲之
諸多上游國家有些類似。

　　至明治22年（1889年）眼見德國統一，又於普法
戰爭（Prussia）獲勝，因崇德心理，認為君主專政體制
須改採普魯士憲法，乃於明治22年（1889年）參考普
國憲法制定《大日本帝國憲法》，並於翌年（明治23

　　之障礙，因此稱該國採用自由心證主義乃由上而下外加而來，非因歷史的演
　　進自發而來。參閱現任神奈川大學教授白取祐司：自由心證主義的課題，北
　　大法學論文集31卷1號，頁192。

6　自1880年起至1886年間因波亞蘇那度引進法國法制之故，自明治14年（1881
　　年）連法院組織亦全面模仿法國基層法院稱治安裁判所、初審法院稱始審裁
　　判所、二級法院稱控訴裁判所，隨後因法國於1883年將tribunal d'appeled控
　　訴裁判所改稱courd'appel，乃於明治19年（1886年）將二審改稱控訴院、三
　　審改稱大審院。

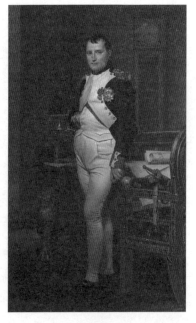

CODE CIVIL
DES FRANÇAIS.

TITRE PRÉLIMINAIRE.

*DE LA PUBLICATION, DES EFFETS
ET DE L'APPLICATION DES LOIS
EN GÉNÉRAL.*

Décrété le 14 Ven-
ûse en XI.
Promulgué le 24 du
même mois.

ARTICLE 1.er

Les lois sont exécutoires dans tout le territoire français,
en vertu de la promulgation qui en est faite par le Premier
Consul.

Elles seront exécutées dans chaque partie de la Répu-
blique, du moment où la promulgation en pourra être
connue.

La promulgation faite par le Premier Consul sera répu-
tée connue dans le département où siégera le Gouvernement,
un jour après celui de la promulgation ; et dans chacun
des autres départemens, après l'expiration du même délai,
augmenté d'autant de jours qu'il y aura de fois dix myria-
mètres [environ vingt lieues anciennes] entre la ville où la

A

法國民法典

圖片來源：維基百科，https://
zh.wikipedia.org/wiki/法
律。

拿破崙

年；1890年）起陸續聘請德國法學家起草制定《裁判
所構成法》（法院組織法）、民事訴訟法、民法、商
法、刑法，並將原治罪法改名為刑事訴訟法[7]，不久因
德國法的影響逐漸擴大，而於1922年修正公布、1924
年施行第二次刑事訴訟法（日本稱為舊刑事訴訟法），
由於職權主義色彩濃厚，對人權保障及證據之採取尚有
甚多缺陷，加上第二次戰後受美國占領的影響，乃於

7　日本稱為舊舊刑事訴訟法，其一部參考德意志共和國刑事訴訟法，惟內容因
　　甫模仿法國治罪法未久，當時尚屬先進，與法國治罪法差異不大，未有大幅
　　更動。

1948年修訂、1949年施行了現行的刑事訴訟法，於大陸法系的訴訟制度內大幅採用了英美法系的理論及強化證據法規範，包括引進傳聞法則、自白法則等[8]。其刑事訴訟法第318條規定：「證據之證明力委由裁判官自由判斷。」另於民事訴訟法第185條亦規定：「法院為判決之際，須斟酌口頭辯論之意旨及調查證據之結果，依自由心證判斷事實上主張之真實與否。」後者與我國民事訴訟法規定相同，前者則較我國刑事訴訟法的規定更為簡潔、範圍更為寬廣，均延續以前的自由心證主義的精神[9]。

　　茲不論中日兩國現行法民刑訴訟採取此制度程度上的差別如何，其原因無非係受西方法思潮的影響。此種法思潮之所以興起，從中日兩國的法制史看來似乎與各自國力的興衰不無關係，但再放大其歷史的軌跡來觀察，與其說是國力興衰使然，毋寧說是人權保障之意識逐漸抬頭所致。此從自由心證主義之演變歷史亦可見其端倪。

8　庭山英雄：自由心證主義，頁178。
9　我國採用此一制度之時間可見於如後所述之民國17年（1928年）之舊刑事訴訟法第283條：「證據由法院自由判斷之」之規定。

第四章　人權意識抬頭與
　　　　　自由心證主義之演進

　　日本從法德引進刑事訴訟制度，是典型的大陸法系國家，德國早期日耳曼時代的證據法係採形式的證據主義，非採實質的證據主義，自然無自由心證之問題，雖然中世紀（5-15世紀）採用糾問式的刑事訴訟程序初期曾予裁判官自由心證的空間[1]。到西元98年塔西佗的年代（Publius Cornelius Tacitus）[2]，當時日耳曼各民族中有一種原始形式的司法機構。由武士大會選舉若干頭面人物充任法官，法官們負責巡迴各地區，審理私人訴訟案件。每名法官都帶有100名隨員，以貫徹實施其判決。如果法官們裁定某人有罪，此人就必須拿出一定數量的馬或牛抵償罪責，牲畜的數量要視其罪責的

1　日耳曼民族的族源尚無確說。據信青銅器時代晚期，這些人居住在現今瑞典的南部、丹麥半島以及德國北部介於埃姆斯河、奧得河與哈爾茨山脈之間的地方。到凱撒時代（Gaius Iulius Caesar，西元前100年7月12日至西元前44年3月15日），日耳曼人已在萊茵河以西定居，向南已達到多瑙河，按照凱撒的描述，日耳曼諸民族未曾有過專制統治的跡象。各宗族集團的領袖們只在出現族人之間的糾紛時才負責進行調解，而且這種排難解紛的職能也只限於在同一宗族之內行使，不能超越範圍。當時似乎並不存在仲裁團體之類的組織。事實上，在和平時期，他們並沒有集中統一的權威部門可以發號施令、行使職權來管理所有宗族的事務（原文網址：https://kknews.cc/history/y8l9kxn.html）。

2　西元56年至西元120年，古羅馬歷史學家，即後人所謂的「塔西佗陷阱」的倡言者，發表其著作，即我們現在所熟知的《日耳曼尼亞志》。

輕重而定。但有許多案件，如殺人、傷害、盜竊等，則要延期由當事者所屬宗族中的權威人士予以裁決；其訴訟程序係原告起訴後，以神判或決鬥決定對錯，或容許被告以一定方式宣誓潔白，補充證據，證明自己無罪，不具備此方式即屬有罪，通常亦可由一定數量之補助宣誓證明被告人格為真。至法蘭克王國時代（481-843年）初期「民眾法」的刑事訴訟程序則分設國王裁判所及民眾裁判所二者，民眾裁判所尚有潔白宣誓及補助宣誓之制度，因受宗教的影響，宣誓之實質係向神宣誓，決鬥的的意義也算是神判的一種加以考量，書面證據於此開始出現，國王書面有確定的證明力，國王裁判所之訴訟程序有彈劾及糾問兩種，彈劾程序是由一定區域有名望之人指名犯人何人，被指名者有為自身潔白立證之義務，雖屬消極法定證據主義之範疇，惟仍與近代的「罪證有疑利於被告」之原則相悖。當時的糾問式訴訟（Inquisitorial System），或稱糾問制度，即後來所謂的職權進行主義，是歐洲各國在中世紀、亞洲各國則一直到19世紀末，甚至中國到20世紀初都還在使用的刑事訴訟制度。此與當時共同社會對於治安的強烈要求、團體意識強烈、偽證的可能性極少、宣誓與補助宣誓均能有效發揮作用、近似近代的證人宣誓制度、書面證據與查驗證據技術較先前成熟，以及區分現行犯之方法顯著進步有關[3]。但其後因戰爭之結果，羅馬勢力進入，

國家體制調整之同時而繼受羅馬法改採法定證據主義，有名的《卡羅利納法典》（Constitutio Criminalis Carolina 1532）即參考義大利糾問程序及德國各地固有的法典整理而成，包含實體及程序法規定於同一法典之中，一度捨去的公訴程序再度恢復，私法請求處罰之制度完全消滅，證據法之領域基本上仍為法定證據主義，但有給予裁判官自由裁量的空間，有罪判決須被告之自白或二人以上之證言，至於自白之任意性及信賴性則委諸裁判官之自由裁量，訴訟程序主要在取得被告之自白，縱有充分的情況證據，仍須補足被告之自白始能為有罪之判決，必要時拷問即被允許[4]。據學者研究指出，其所以發生乃對被告自白偏重之結果[5]。此一法典直至19世紀前半影響於德國領域，並在歐陸逐漸演變為《教會法》（Canon Law）及德國普通法的糾問訴訟程序，甚至渡海成為英國陪審制度之基礎。糾問式訴訟程序成為發現真實之立證方法，此種立證方式即為近代證人制度的原型。因須對證言的是否可採加以審酌，遂有證人宣誓制度及相當於用以對證言評價的所謂自由心證產生，而被認為是另一形式的自由心證[6]。此法定證據主義隨國家權力的強化而盛行。至腓特列二世（Friedrich WilhelmII）上台廢止拷問制度以後，雖然人道主義已

---

4 庭山英雄：自由心證主義の抑制につぃて，中京法學2卷2號，頁74。
5 Ursula Westthoff, Uber Die Grundlagen des Strafprozesses mit besonderer Berucksichtigung des Beweisrechts, 1955, S. 64.
6 Peter Holtappels, Die Entwicklungsgeschichte Des Grundsatzes "in dubio pro reo," 1965, S. 26.

被重視，但對裁判官的判斷能力仍然抱持不信的態度，故依然採取積極的法定證據主義，其後因義大利法[7]以及法國1808年《拿破崙治罪法典》（Code d'instruction Criminelle）[8]的影響，至1848年以後為德意志各邦相繼引進，並為1871年德意志帝國憲法及1877年刑訴法之基礎，此法採用國家訴追主義及彈劾訴訟形式，允許全程選任辯護人及武器對等原

德皇腓特列二世

（Friedrich Wilhelm Ⅱ）

圖片來源：維基百科，https://zh.wikipedia.org/wiki/腓特列·威廉二世。

則、「罪證有疑，利於被告」（in dubio pro reo）原則，雖仍有職權主義、書面主義、裁判官詢問主義之糾問主義色彩，在證據法方面則採職權探知主義、直接主義及自由心證主義，至1933年納粹執政以前，除擴大參審裁判權及一戰期間司法簡素化外，基本上無大變動。1933年納粹實行國家社會主義以後頒布「新秩序

7　義大利法從羅馬共和時代（西元前4世紀至前1世紀）起，啟蒙思想逐漸抬頭，受英法等國看重人權保障的影響，至19世紀後半始廢止拷問、嫌疑罰等非人道的制度，確立了自由心證主義及「罪證有疑，利於被告」等原則。

8　該法第一審依事件之輕重設置違警罪裁判所、輕罪裁判所、重罪裁判所。其重罪裁判所與其他裁判所之訴訟程序不同，採公開、直接、口頭主義，廢法定證據主義，改採自由心證主義（須達有罪的確信之程度）。

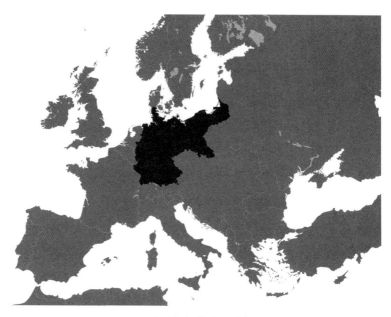

1871年德意志帝國地圖

法」，個人人格權及自由受限、法律被輕視、警察權限強化、裁判政黨政治化，使上開訴訟制度幾已停擺。至二戰結束，「新秩序法」被廢，英美及法國占領區分別制定新刑事訴訟法及法院組織法，另聯邦新憲法頒布以後，以前的參審及陪審制度被恢復，但因各占領區制度的差異產生不少社會問題，至1950年12月9日《統一法》（vereinheit lichungsgesetz）公布，次年10月1日起實施，才有今日包括公開主義及直接主義在內等實體

真實發現主義及自由心證主義基礎的刑事訴訟法[9]、[10]產生。足見德國從形式的證據主義，經由法定證據主義而改採自由心證主義之過程中，固因政權的更迭，或外國勢力進入的影響有關，但此等外國制度與本國傳統制度相互之間卻仍不免交互影響，其改變的動力，其實就是對本身制度的科學化、人道化及合理化之結果。此與日本含有被外國勢力強迫而接受的成分略有不同。

我國清末光緒皇帝鑑於國勢日弱，於1902年諭令修律，要求參酌各國法律，悉心考訂。沈家本和伍廷芳受袁世凱、張之洞等保舉主持修律，由於伍廷芳當時尚在美國，因此修律初期主要事宜皆由沈家本承擔。他首先提出要挑選熟習中、西法律的司員，分別進行資料編輯工作，再聘請東、西各國精通法律的博士和律師做顧問，並調取留學回國人員從事翻譯，在一年中就翻譯了德意志、俄羅斯、日本、法國、英國、美國等國的刑法。在大量翻譯參酌各國刑法的基礎上，闡述了刪除《大清律例》中重法的必要性，並批評了這些重法的野蠻、殘酷和落後；要求廢除「凌遲、梟首、戮屍、緣坐、刺字」等酷刑，並禁止使用刑求逼供。這些建議得到光緒皇帝的贊同，乃參酌各國、立足本國國情，對舊的法律體系框架進行大膽改革，於1906年至

9　內田一郎教授：ドイツにおける直接主義と傳聞証人，載早大法學41卷2號，頁223。

10　德國刑事訴訟法第261條規定：「證據調查之結果由法院依審理全部所得之確信，自由判斷之。」

1910年間先後制定了《大清新刑律》、《刑事民事訴訟法》、《破產律》、《法院編制法》、《違警律》、《商法總則草案》、《親屬法草案》等中國古代不曾有過的新類型法律，為中國近代法律體系框架的建立和全面走向近代法制開創了道路。同時，在司法公正方面，他提出建立陪審員制度和律師辯護制度，均為中國近代法制的創舉。

沈家本

圖片來源：維基百科，https://zh.wikipedia.org/wiki/沈家本。

　　另一方面，他也反對新派盲目崇拜西法，處處以西法為是，以中法為非的淺薄態度，認為中法、中學也有自己的長處，所以，他在主持大量翻譯外國法律著作的同時，還主持蒐集、整理、刊刻了大量的中國古代法律和法學著作，為保存、傳播我國的法律文化遺產做出了巨大的貢獻。

　　沈家本在這種兼容並蓄的立場支配下，竭力主張學習西方，實行法治。他指出「近今泰西政事，純以法治」，而日本明治維新以後，實行法治，國勢日強；所以，中國要維新圖強，就要實行法治主義。其所主張的法治主義，除提倡法治之外，還非常重視法學的振興；

他指出：「法學之盛衰與政之治忽實息息相通」，而要振興法學，就必須培養新的法學人才，因為「法貴得人」，而「得人」是實行法治主義的先決條件；此外，他認為「治獄乃專門之學，非（一般）人之所能為」，因而建議設置律學博士。

　　沈家本認為當時中國積貧積弱，受到列強欺凌，就是因為法律制度落後和不完善使然；通過修律，參照世界通行規則，加強權利保障機制，就能收回治外法權，擺脫列強的控制[11]。顯然與日本引進西方當時的刑事訴訟制度的歷史背景相同，只是時間晚了近30年（1901年皇帝下詔至沈氏完成上述工作約為5年），其後清朝滅亡，洪憲帝制，袁世凱退位至北洋軍閥割據（1912-1928年），立法機關尚未建立，而刑事罪案卻不斷發生，個人的生命、身體、自由、財產及社會的安全、國家的存立等法益又不得不加以保護；前清的大理院乃繼續被保留為全國最高司法審判機關，其院長有統一解釋法律及指揮、監督各級審判之權，為全國最高終審機關，配置總檢察廳，至今尚有甚多解釋例被保留下來。至民國16年（1927年），國民政府定都南京，始將大理院改為最高法院[12]。

11　原文網址：https://kknews.cc/history/r8mpa4r.html。

12　參照最高法院官網略以：我國法官制度，始自唐虞時代，歷經變遷，至秦漢時代，始設廷尉掌刑辟。至清朝末年，積極變革，光緒33年（1907年），定大理院官制，為全國最高終審機關。宣統元年（1909年）12月，公布法院編制法，專設司法機關，掌理民、刑事訴訟，定四級三審，以大理院為第三審。

　　民國17年（1928年）公布《國民政府最高法院組織法》，定最高法院為全國終審審判機關，至此最高法院正式成立，大理院始告結束。

　　而刑事審判所據以作為準據之法律則因新法未及頒布，於延續舊制之同時，由廣州軍政府於民國10年（1921年）將前清之《刑事訴訟律》加以修正，並於同年3月21日公布，於4月13日公布施行細則規定自公布後2個月施行，惟其施行區域僅及於西南數省。另方面，北洋政府亦參考前清《刑事訴訟律》及日本大正刑訴法草案另制定《刑事訴訟條例》，於同年11月14日由大總統徐世昌公布，並於1922年1月1日起先施行於東三省，同年7月1日起施行於北洋政府統治下之各省[13]。其後北伐成功，全國統一後，國民政府依據孫中山先生遺教，於民國35年（1946年）12月25日由制憲國民大會於南京議決通過制定《中華民國憲法》，民國36年（1947年）1月1日由國民政府公布、同年12月25日施行，其第8條規定：「人民身體之自由應予保障。除現行犯之逮捕由法律另定外，非經司法或警察機關依法定程序，不得逮捕拘禁。非由法院依法定程序，不得審問處罰……。」第16條規定：「人民有請願、訴願及訴訟之權。」第22條規定：「凡人民之其他自由及權利，不妨害社會秩序公共利益者，均受憲法之保障。」雖不若日本戰後將人身自由之具體保護提升至憲

13　張麗卿教授：驗證刑訴改革脈動（2017年），頁9-10。

法層級[14]，惟在憲法中有此原則之提示，身為亞洲第一個民主共和國已屬難能可貴，其後隨著刑事訴訟法的制定施行，關於人權保障之相關規定亦能逐漸落實，自由心證的範圍亦隨該法之修訂漸顯輪廓，茲就中（台）日兩國相關規定的演進略述於後。

中華民國憲法

圖片來源：維基百科，https://zh.wikipedia.org/wiki/中華民國憲法。

---

14 二戰後昭和21年（1946年）11月3日公布，次年5月3日施行之日本國憲法自第31條至第40條詳細規定：任何人非經法律規定的正當程序不得剝奪其生命及自由，或科以其他的刑罰（第31條）；任何人均不得被剝奪受法院裁判之權利（第32條）；所有刑事案件被告均有受公平法院迅速公開裁判之權利、對證人反對詰問，及以公費強制傳訊證人之權利；任何場合均有選任辯護人之權利（第37條）；任何人均有拒絕被強迫對自己不利供述之權利（緘默權）；強制、拷問或脅迫取得之自白、不當長期拘留或拘禁後之自白不得作為證據；任何人不得以本人之自白作為唯一之證據判決有罪或科以刑罰（第38條）；任何人對於行為時適法或無罪行為不得再行刑事訴追（法律不溯既往）；同一犯行不得重複究責（一罪不兩罰）（第39條）；任何人於拘留、拘禁後受無罪判決時，得依法律之規定向國家請求補償（第40條）。

我國最高法院

圖片來源：維基百科，https://zh.wikipedia.org/wiki/最高法院_(中華民國)。

第五章　中（台）日兩國有關自由心證法制的演進

一、中華民國刑事訴訟法

（一）民國17年（1928年）7月28日中華民國刑事訴訟法

其第283條規定：「證據由法院自由判斷之。」第282條規定：「犯罪事實應依證據認定之。」首見以法律明文採用自由心證主義及證據裁判主義，並於相關條文規定禁止刑求逼供及准許起訴後選任辯護人等自由心證主義國家所採取的相關配套措施。如：第2條要求實施刑事訴訟程序之公務員，就該管事項，應於被告有利及不利之情形，一律注意。第24條至第34條規定關於推事、檢察官、書記官之**迴避制度**。

關於**訊問被告之方式**：於第60條規定：「訊問被告，應告以犯罪之嫌疑及所犯罪名。罪名經告知後認為應變更者，應再告知被告。」第62條規定：「訊問被告，不得用強暴、脅迫、利誘、詐欺及其他不正之方法。」第63條規定：「訊問被告，應與以機會使其辯明犯罪之嫌疑及陳述有利之事實。訊問時應指明犯罪之

嫌疑，詢其有無辯明，如有辯明，應命就其始末連續陳述，其陳述有利之事實者，應命其指定證明之方法。」第280條規定：「被告之自白，非出於強暴、脅迫、利誘、詐欺及其他不正之方法且與事實相符者，得為證據。被告雖經自白，仍應調查必要之證據，以察其是否與事實相符。」

　　並賦予被告**選任辯護人**之權利：於第165條規定：「被告於起訴後，得隨時選任辯護人。被告之法定代理人、保佐人或配偶，得獨立為被告選任辯護人。」

　　關於審理之範圍：於第259條規定：「法院不得就未經起訴之行為審判。」第260條規定：「起訴之效力不及於起訴書狀所列被告以外之人。」

　　關於**證據調查之方式**：於第284條規定：「證據物件，應示被告，命其辨認，並詢其有無辯解。」第290條規定：「審判長預料證人、鑑定人，共同被告於被告前不能自由陳述者，得命被告退庭，再行訊問。但陳述完畢後，應再命被告入庭，告以陳述之要旨。」第242條第1項規定：「訊問證人、鑑定人如被告在場者，被告得親自詰問，但與案情無關者，檢察官得禁止之。」第286條規定：「證人、鑑定人應依左列次序訊問之。一、由審判長依第一百零四條（證人人別）第一百零七條（具結）及第一百十條（連續陳述）訊問。二、由聲請傳喚之當事人詰問。三、由他造之當事人詰問。四、由聲請傳喚之當事人覆問。但以他造當事人詰問所發見之事項為限。」第287條規定：「當事人詰問證人、鑑

定人時，審判長認為有不當者，得禁止之。」第288條規定：「證人、鑑定人經當事人詰問後，審判長得續行訊問。」第300條：「調查證據完畢後，應命依左列次序就事實及法律辯論之。一、檢察官。二、被告。三、辯護人。」

可見民國初期之刑事訴訟法已排除傳統以來之糾問主義及法定證據主義，開始引進西方之證據裁判主義及自由心證主義相關配套之彈劾及辯論主義，雖仍不免帶有職權主義之色彩，且選任辯護人之時機僅限於起訴之後，不若日本之隨時任何場合均得選任之進步，但改革初期以之為過度手段，逐漸開放，無可厚非。

（二）民國24年（1935年）1月1日中華民國刑事訴訟法

該法除保留民國17年刑事訴訟法之自由心證主義精神之外，更進一步強化相關的配套措施，如：第2條於第1項規定實施刑事訴訟程序之公務員，就該管案件，應於被告有利及不利之情形，一律注意外，增列第2項：「被告得請求前項公務員，為有利於己之必要處分。」

關於**迴避之規定**：由原來之僅有親屬關係即須迴避之寬鬆規定，限縮僅限七親等內之血親、五親等內之姻親或家長、家屬始須迴避，擴大推事曾為證人或鑑定人者須自行迴避之範圍至曾為告訴人、告發人亦應自行

迴避；擴大曾參與前審裁判者於上訴審應自行迴避之規定，變成不限上訴審均應自行迴避（第17條）。使此一迴避之制度趨於合理。

選任辯護人之權利：將原來指定辯護人之範圍，由初級或地方法院管轄第一審之案件，於「起訴後」未經選任辯護人者，審判長認有為被告置辯護人之必要時，「得」依職權指定公設辯護人為其辯護，其最輕本刑為5年以上有期徒刑者，「應」依職權指定之（第170條至第172條）之規定。變更為「最輕本刑為五年以上有期徒刑，或高等法院管轄第一審之案件，未經選任辯護人者，審判長『應』指定公設辯護人為其辯護，其他案件認有必要者，亦同。」（第31條第1項）。

訊問被告之方法：於「不得用強暴、脅迫、利誘、詐欺及其他不正之方法」之外，更於第98條前段要求：「訊問被告，應出以懇切之態度」以去除長久以來之糾問色彩；第200條規定：「判決除有特別規定外，應經當事人之言詞辯論為之。」

調查證據：除原文規定證物應示被告令其辨認外，並要求「如係文書而被告不解其意義者，應告以要旨。」（第271條後段）；第272條第1項：「卷宗內之筆錄及其他文書可為證據者，應向被告宣讀或告以要旨。」較前僅令被告辨認，詢問有無辯解之做法，保障被告之權益較為明確；於證人、共同被告數人之訊問採隔離訊問之方法於第97條第1項規定：「被告有數人時，應分別訊問之。其未經訊問者，不得在場。但因發

現真實之必要，得命其對質。」第171條規定：「證人有數人者，應分別訊問之，其未經訊問者，不得在場。因發見真實之必要，得命證人與他證人或被告對質。」與前法認為「必要時」始讓其他被告或證人退庭之做法，顯較能發現真實。通過此統一規定縮減了法官自由心證的空間。但於詰問證人、鑑定人之方式卻修正成：證人、鑑定人由審判長訊問後，當事人及辯護人「得聲請審判長」或直接詰問之（第273條）。將原條文直接詰問之方式改為兼採「得聲請審判長詰問」或直接詰問之方式行之，較17年之原條文略有擴張。以兼顧當事人不知如何詰問時，有一替代方法。

（三）民國56年（1967年）年1月28日刑事訴訟法

（原名稱：中華民國刑事訴訟法；新名稱：刑事訴訟法）制定證據專章，除延續前中華民國刑事訴訟法之自由心證主義、證據裁判主義及對推事自行**迴避**之規定，增加「曾為告訴人、告發人者」亦須迴避（第17條第6款），並降低**強制辯護**案件之條件，由原來之5年以上有期徒刑改為「三年以上有期徒刑」之案件。

羈押期間：偵查中不得逾2月，審判中不得逾3月。但有繼續羈押之必要者，得於期間未滿前，由法院裁定延長之。在偵查中延長羈押期間，應由檢察官聲請所屬法院裁定。將延長羈押之決定權交予法院，限縮檢察官之強制處分權，以免長期羈押取得自白之弊病

發生。且限縮延長羈押期間,從原來規定每次不得逾2月,偵查中以一次為限,如所犯最重本刑為3年以下有期徒刑以下之刑者,審判中以三次為限,改為「如所犯最重本刑為十年以下有期徒刑以下之刑者,審判中第一審、第二審以三次為限,第三審以一次為限。」(第108條第2項)以求速審及保障被告人身自由,避免長期羈押,影響被告自白之可信性。

舉證之範圍:明文規定如下:

1. 公眾週知之事實,事實於法院已顯著,或為其職務上所已知者,均無庸舉證(第157條、第158條)。

2. 限制以被告之自白,作為證據之條件(須具備:非出於強暴、脅迫、利誘、詐欺、違法羈押或其他不正之方法所取得,且與事實相符者,始得為證據)(第156條第1項)。

3. 被告之自白,不得作為有罪判決之唯一證據,仍應調查其他必要之證據,以察其是否與事實相符(第156條第2項)。

4. 被告未經自白,又無證據,不得僅因其拒絕陳述或保持緘默,而推斷其罪行(第156條第3項),嚴格限制自白之證據能力。

5. 進一步明定「無證據不得推定其犯罪事實」(第154條後段),彰顯證據裁判主義之精神。

6. 規定不得作為證據之種類,將自由心證所能斟酌之證據開始以法律加以限制:

   (1)無證據能力,未經合法調查,顯與事理有違,或

與認定事實不符之證據，不得作為判斷之依據（第155條第2項）。

(2) 證人於審判外之陳述，除法律有規定者外，不得作為證據（第159條）。

(3) 證人之個人意見或推測之詞，不得作為證據（第160條）。

7. 要求檢察官就被告犯罪事實，負舉證責任（第161條）。

8. 規定法院應予當事人、辯護人、代理人或輔佐人，以辯論證據證明力之適當機會（第162條）。於採職權進行主義掌握訴訟主導之餘，亦讓當事人得有參與調查證據之機會，以求發現真實（第163條規定：「法院因發見真實之必要，應依職權調查證據。當事人、辯護人、代理人或輔佐人得請求調查證據，並得於調查證據時，詢問證人、鑑定人或被告。」）及延續前法其他保護被告發現真實之調查證據方法（如第164條規定：「證物應示被告令其辨認，如係文書而被告不解其意義者，應告以要旨。」第165條第1項規定：「卷宗內之筆錄及其他文書可為證據者，應向被告宣讀或告以要旨。」）

9. 賦予**當事人詰問證人之權利**，第166條規定：「證人、鑑定人由審判長訊問後，當事人及辯護人得直接或聲請審判長詰問之。證人、鑑定人如係當事人聲請傳喚者，先由該當事人或辯護人詰問，次由他造之當事人或辯護人詰問，再次由聲請傳喚之當事人或辯護

人覆問。但覆問以關於因他造詰問所發見之事項為限。」

10. 仍維持由法院主導之職權主義精神。於第167條規定：「當事人或辯護人，詰問證人、鑑定人時，審判長認為有不當者，得禁止之。證人、鑑定人經當事人或辯護人詰問後，審判長得續行訊問。」

11. 允許證人相互或與被告對質，或由被告直接詰問證人（第184條第2項）以求發現真實。

12. 明文規定審判之範圍以經起訴之犯罪為限，法院不得就未經起訴之犯罪審判（第268條）。

13. 判決除有特別規定外，應經**當事人之言詞辯論**為之（第221條）。

14. 判決應敘述理由；得為抗告或駁回聲明之裁定亦同（第223條）。

15. 於證據專章延續前法之自由心證主義、證據裁判主義之相關配套外，並進一步引進彈劾主義及**日本刑事訴訟交互詰問之制度**，擺脫糾問主義之舊有之問案方式，以保護被告之防禦權。

（四）民國71年（1982年）8月4日刑事訴訟法

繼續維持原刑事訴訟法之證據裁判主義、自由心證主義之相關規定（第154條至第162條）外，進一步將被告及犯罪嫌疑人原先只能在起訴後始能選任辯護人之制度開放至偵查中或受司法警察（官）調查時，亦得**隨**

時選任辯護人（第27條），以保護被告及犯罪嫌疑人之人權，惟對於辯護人之閱卷權則修正限於審判中（第33條），以與偵查不公開之原則（第245條）相呼應；且限制辯護人僅得於檢察官、司法警察（官）訊問該被告或犯罪嫌疑人時在場（即所謂**辯護人之在場權**）。其目的旨在於監督偵查官員避免其違法蒐證而已，辯護功能有限，與歐美日之制尚有一段距離。

（五）民國86年（1997年）12月19日刑事訴訟法

　　對於被告或犯罪嫌疑人因智能障礙無法為完全之陳述者，明文規定應通知其法定代理人、配偶、直系或三親等內旁系血親或家長、家屬，得獨立為被告或犯罪嫌疑人選任辯護人（第27條），以保障智能障礙者之權益；對於**拘提或因通緝逮捕之被告，應即解送指定之場所**，由原來3日內不能達到指定之處所者，改為24小時內（除第93條之1法定原因不計入外）不能達到指定之處所者，應分別其命拘提或通緝者為法院或檢察官，先行解送較近之法院或檢察機關，訊問其人有無錯誤，以落實憲法第8條對於人身自由之保障。另參考承認被告有緘默權之立法例，明定訊問被告時，應告以「無須違背自己之意思而為陳述」，於第95條具體規定訊問被告應先告知下列事項：1.犯罪嫌疑及所犯所有罪名。罪名經告知後，認為應變更者，應再告知；2.得保持緘默，無須違背自己之意思而為陳述；3.得選任辯護人；

4.得請求調查有利之證據,以保障被告得自由陳述及保持緘默之權利。於第98條增加提示不得「疲勞訊問」之規定(訊問被告應出以懇切之態度,不得用強暴、脅迫、利誘、詐欺、**疲勞訊問**或其他不正之方法);增訂司法警察(官)詢問犯罪嫌疑人,除有法定許可之情形外不得於夜間行之(第100條之2),以尊重人權、保障程序合法,避免疲勞詢問。

(六)民國87年(1998年)1月21日刑事訴訟法

修正以錄音配合筆錄之記錄方法,以確保被告陳述之真正:於第100條之1規定訊問被告,應全程連續錄音;必要時,並應全程連續錄影。但有急迫情況且經記明筆錄者,不在此限。

筆錄內所載之被告陳述與錄音或錄影之內容不符者,除有前項但書情形外,其**不符之部分,不得作為證據**。增加了不得作為證據之範圍。

(七)民國89年(2000年)7月19日刑事訴訟法

修正第245條賦予**辯護人於偵查中之陳述意見權**,規定如下:
第1項:偵查,不公開之(未修正)。
第2項修訂為:被告或犯罪嫌疑人之辯護人,得於檢察官、檢察事務官、司法警察官或司法警察訊問該被

告或犯罪嫌疑人時在場，**並得陳述意見**。但有事實
足認其在場有妨害國家機密或有湮滅、偽造、變造
證據或勾串共犯或證人或妨害他人名譽之虞，或其
行為不當足以影響偵查秩序者，得限制或禁止之。

第3項修訂為：檢察官、檢察事務官、司法警察官、司
法警察、辯護人、告訴代理人或其他於偵查程序依
法執行職務之人員，除依法令或為維護公共利益或
保護合法權益有必要者外，不得公開揭露偵查中因
執行職務知悉之事項。

第4項：偵查中訊問被告或犯罪嫌疑人時，應將訊問之
日、時及處所通知辯護人。但情形急迫者，不在此
限（未修正）。

以強化被告或犯罪嫌疑人之防禦權，並示區別偵查
中之表示意見與審理中之辯論有所不同。

（八）民國91年（2002年）2月8日刑事訴訟法

鑑於我國刑事訴訟法採無罪推定原則，要求檢察官
立於當事人之地位，對於被告進行追訴，乃修正第161
條第1項，要求檢察官對於被告之犯罪事實，負實質之
舉證責任外，並須指出證明之方法。若法院於第一次審
判期日前，認為檢察官指出之證明方法顯不足認定被告
有成立犯罪之可能時，應以裁定定期通知檢察官補正；
逾期未補正者，得以裁定駁回起訴（同條第2項）。**為**

強化檢察官之舉證責任，另增訂第3項，駁回起訴之裁定已確定者，非有第260條各款情形之一，不得對於同一案件再行起訴。第4項：「違反前項規定，再行起訴者，應諭知不受理之判決。」以要求檢察官慎重起訴，及確立法院立於中間審查機制，以保障被告人權，避免二次追訴，落實檢察官為訴訟當事人之地位。

另為淡化職權主義之色彩，強化當事人進行主義之功能，於原第163條規定：「法院因發見真實之必要，應依職權調查證據。當事人、辯護人、代理人或輔佐人得請求調查證據，並得於調查證據時，詢問證人、鑑定人或被告。」之外，另增訂：審判長除認為有不當者外，不得禁止之（第1項後段），將原來得禁止改為原則許可，例外禁止。第2項「法院為發見真實，得依職權調查證據。」將原條文「應」字改為「得」字。但於公平正義之維護或對被告之利益有重大關係事項，法院應依職權調查之，以**限制職權調查證據之範圍**。第3項：「法院為前項調查證據前，應予當事人、代理人、辯護人或輔佐人陳述意見之機會。」使法院逐漸退卻職權主義色彩，朝當事人進行主義發展。

另為使司法資源有效運用，填補被害人之損害、有利被告或犯罪嫌疑人之再社會化及犯罪之特別預防等目的，參考日本起訴猶豫制度及德國附條件及履行期間之暫不提起公訴制度，同時**增訂緩起訴處分制度**：於第253條之1增訂，被告所犯為死刑、無期徒刑或最輕本刑3年以上有期徒刑以外之罪（輕罪），檢察官參酌刑

法第57條所列事項及公共利益之維護，認以緩起訴為適當者，得定1年以上3年以下之緩起訴期間為緩起訴處分，其期間自緩起訴處分確定之日起算。追訴權之時效，於緩起訴之期間內，停止進行。刑法第83條第3項（時效停止前後合併計算）之規定，於前項之停止原因，不適用之。第323條第1項但書（告訴乃論之罪經檢察官開始偵查者仍得提起自訴）之規定，於緩起訴期間，不適用之。雖與自由心證之沿革看似無關，但縮小起訴之範圍仍有助於減輕法院案件之負荷！

　　另為對檢察官起訴裁量權之制衡，除內部監督機制外，宜有檢察機關以外之監督機制，參考德日之規定，新增告訴人或告發人於不服上級檢察署之駁回再議處分者，得向法院聲請**「交付審判」**之新制（第258條之1），由法院介入審查，以提供告訴人多一層救濟途徑。並基於保障被告審級利益，明定應向該管第一審法院聲請交付審判，以及為防止濫行提出聲請，虛耗訴訟資源，明定交付審判之案件，必須委任律師提出理由狀，程序始稱合法。

（九）民國92年（2003年）2月6日刑事訴訟法

1. 此次刑事訴訟法修正主要參考德日及美國之訴訟制度由「職權主義」調整為**「改良式當事人進行主義」**，於引進英美當事人進行訴訟程序的同時，對於採證原則及方式自須有相關的配套措施，俾資遵循，因此大

幅修正前法，增訂採當事人進行主義國家之一些法庭進行模式及採證原則，特別是採用自白之法則、調查證據之方式、傳聞法則及交互詰問之進行方式，使審判外之供述證據在一定的規範下引進法庭成為法官心證之依據，另使證人、鑑定人之訊問交由當事人進行，以貼近問題之真相，讓法官以客觀之立場從當事人之詰問中認知事實真相，間接對審判長自由心證之範圍產生了限制作用。

2. 於此同時首須顧慮到當事人之一的被告，無論在法律知識層面，或在接受調查、被追訴的心理層面，相較於具有法律專業知識、熟悉訴訟程序之檢察官均處於較為弱勢的地位。因此，訴訟程序之進行非僅僅強調當事人形式上的對等，尚須有強而有力的辯護人協助被告，以確實保護其法律上利益，監督並促成刑事訴訟正當程序之實現。對於符合社會救助法之低收入戶被告，因無資力而無法自行選任辯護人者，為避免因貧富的差距而導致司法差別待遇，自應為其謀求適當之救濟措施。乃參考日本刑事訴訟法第36條、第37條國選辯護人制度之精神及我國現行公設辯護人條例第2條、律師法第20條第1項、第22條之相關規定，修正第31條第1項，使強制辯護案件得指定公設辯護人或律師為被告辯護，採行雙軌制，並增訂低收入被告亦得向法院聲請指定公設辯護人或律師為其辯護之規定。關於指定辯護之律師之來源，則商由中華民國律師公會全國聯合會另行訂定律師輪值辦法，並將輪值

律師之名冊函送司法院供法院遇案指定。

3. 另為強化當事人進行主義及訴訟對等，於自訴程序第319條第2項增訂自訴之提起應委任律師行之，因檢察官於審判期日所得為之訴訟行為，於自訴程序，係由自訴代理人為之，乃於第37條前段將自訴人「得」委任代理人到場，修正為自訴人「應」委任代理人到場。並於第2項規定前項代理人應選任律師充之，以資配合。

4. 自本法改行「改良式當事人進行主義」以落實及強化交互詰問之要求後，有關供述證據調查之訴訟程序進行極為緊湊，為有效提升筆錄記載之正確性與完整性，除原定之錄音錄影辦法外，乃增訂第44條之1第2項後段許當事人於審判筆錄之記載有錯誤或遺漏者，得聲請法院定期播放審判期日錄音或錄影內容核對更正之。其經法院許可者，亦得於法院指定之期間內，依據審判期日之錄音或錄影內容，自行就有關被告、自訴人、證人、鑑定人或通譯之訊問及其陳述之事項轉譯為文書提出於法院。

5. 於證據裁判主義下進一步增訂：

(1) 確立無罪推定原則（§154Ⅰ）。

(2) 增加受疲勞訊問取得之被告自白不得採取之限制（§156Ⅰ）。

(3) 增加共犯之自白不得作為有罪判決之唯一依據（§156Ⅱ）。

(4) 增訂應先調查被告抗辯非自由之自白（§156Ⅲ）。

(5) 明文規定違法偵訊取得之自白不得為證，及善意例外（§158-2）。

(6) 增加具結之法律效果（§158-3）。

(7) 增訂違法取得證據有無證據能力之認定應審酌人權保障及公益之均衡維護（§158-4）。

(8) 規定被告以外之人於審判外之言詞或書面陳述，除法律規定者外不得作為證據，但於法官面前為之者，得為證據。於檢察官面前所為之陳述，除顯不可信者外，得為證據（§159、§159-1）。

(9) 被告以外之人於檢察事務官、司法警察（官）調查中之陳述與審判中不符時，其先前之陳述具有較可信之特別情況，且為證明犯罪事實存否所必要者，得為證據（§159-2）。

(10) 被告以外之人於審判中有法定情況（如死亡、無法陳述、滯留國外、拒絕陳述等）時，其在檢察事務官、司法警察（官）調查中之陳述，經證明具有較可信之特別情況，且為證明犯罪事實存否所必要者，得為證據（§159-3）。

(11) 規定公務員或從事業務人員製作之文書、證明書及其他可信之特別情況下製作之文書得為證據。被告以外之人於審判外之陳述，經當事人於審判程序同意作為證據，經審酌作成時之情況認為適當者，或當時辯護人知其情形而未異議者，得為證據（§159-4、§159-5）。

(12) 增加個人之意見或推測之詞排除為證據之條件

（§160）。

(13)賦予被告就其被訴事實有主動向法院指出有利證明之權利（§161-1）。

(14)規定當事人、代理人、辯護人或輔佐人就調查證據之範圍、次序、方法得提出意見（§161-2Ⅰ）。

(15)規定得為證據之被告自白，須於其他證據調查完畢後始得調查（§161-3）。

(16)規定法院對於當事人、代理人、辯護人或輔佐人聲請調查之證據得以裁定駁回（§163-2）。

(17)審判長應將證物提示當事人、代理人、辯護人或輔佐人，被告不解其意者應告以要旨（§164）。

(18)卷內之筆錄文書可為證據者，應向當事人、代理人、辯護人或輔佐人宣讀或告以要旨（§165）。

(19)當事人聲請傳喚之證人、鑑定人，於審判長為人別訊問後，由當事人直接詰問，如無辯護人，而不欲行詰問時，審判長應予以詢問之適當機會（§166Ⅰ）。

(20)主詰問除規定情形外，原則不得誘導詰問（§166-1Ⅲ）。

(21)反詰問得誘導詰問（§166-2Ⅱ）。

(22)行覆主詰問依主詰問之方式為之（§166-4）。

(23)行覆反詰問依反詰問之方式為之（§166-5）。

(24)由法院依職權傳喚之證人、鑑定人、當事人、辯護人亦得詰問（§166-6）。

(25)詰問證人、鑑定人之回答，應就個別問題具體為

之（§166-7Ⅰ）。

(26)審判長對於當事人等詰問證人、鑑定人，除有不
當者外，不得限制禁止（§167）。

(27)當事人、代理人或辯護人就證人、鑑定人之詰問
及回答，得以違法或不當為由聲明異議（§167-
1）。

(28)異議須就各個行為以簡要理由為之（§167-2）。

(29)審判長認異議不合法、意圖延滯訴訟，或無理由
者，應以處分駁回之（§167-3、§167-4）。

(30)異議有理由者，應立即中止、撤回、撤銷、變更
或其他必要之處分（§167-5）。

(31)規定簡式審判及簡易案件以外，一審應行合議審
判（§284-1）。

(32)兼採被害人得提起自訴之制度，並須委任律師為
之（§319）。[1]

茲將此次修正之條文及理由附錄於文末之附件一，
請詳閱。

從其中所載法條之修法理由中，甚多參考美、日、
德國法法例之處（如註1所載），可以看出此次修正，

---

1 此次修法中如第154條第1項、第3項、第158條之2但書、第159條第1項、第
159條之2至第159條之5、第160條、第161條之2、第161條之3、第164條、第
165條之1、第166條第5項、第166條之1第1項、第3項、第166條之2、第166
條之3、第166條之4、第166條之5第1項、第166條之7第1項、第167條之1至
167條之6、第168條之1、第169條等依立法院公布之資料記載乃參考世界
人權宣言及美、日、德等國法制而來。為近年以來修改幅度最大的一次。其
將英美當事人主義之訴訟操作方式引進之目的，顯然有意限縮原來職權主義
下法官運用自由心證的空間。

受英美及大陸兩大法系之影響。惟日本刑事訴訟法受美國法當事人主義影響後，因採起訴狀一本主義，自有需要於法庭內將證人、證物經由交互詰問之方式呈現於法庭，使法官（或陪審員）能自檢辯雙方之攻防中獲得判斷事實之心證，較諸舊法時期單憑法官自雙方呈庭之證據及自行訊問證人所得之心證自較公開及客觀。而我國並未如日本採行起訴狀一本主義，且採職業法官審理採證之制，與英美之陪審制由無法律素養之一般百姓擔任陪審員，而設計出的證據規則，及由憲法規定演繹出的排除及正當程序等法則在法律架構上本不相同，此次修法卻亦將此一交互詰問制度引進，使法庭活動更為活潑，事實愈辯愈明，自然更有助於釐清真相，不能不說出於當局改革訴訟程序，使之趨於當事人主義之用心，值得肯定！

（十）民國93年（2004年）4月7日刑事訴訟法

此次修訂主要在增訂第七編之一（認罪）協商程序第455條之2至第455條之11，對於所犯為死刑、無期徒刑、最輕本刑3年以上有期徒刑之罪及高等法院管轄之一審案件以外，為減輕法院之負荷，經立法院朝野黨團協商新設**認罪協商程序**，允許當事人經由認罪協商後由檢察官聲請法院改依協商程序而為判決。使此等案件由當事人自行決定罪刑及執行問題，鼓勵被告自新，間接將此等案件排除在法院自由心證範圍之外，限制法院對

此等案件行使心證認定事實之職權。

（十一）民國93年（2004年）6月23日刑事訴訟法

　　此次修正旨在導正判決書之記載內容，參考日本刑事訴訟法第335條之立法例，將其記載之事實從廣泛的「事實」限縮為「犯罪事實」，並為免重複敘及犯罪事實，增加判決書篇幅，乃參考德國或日本刑事訴訟法之例，修正第308條將犯罪事實之記載併為判決理由之一部分。於本條後段規定，凡有罪判決所應記載之犯罪事實得與理由合併記載，俾使法官能斟酌案情繁簡予以彈性運用。另配合第314條之1增訂，法院必須於有罪判決之正本內附記論罪科刑之法條內容，俾當事人對照查閱。對於6月以下有期徒刑或拘役得易科罰金、罰金或免刑之案件，規定得僅記載判決主文、犯罪事實、證據名稱、對於被告有利證據不採納之理由及應適用之法條。如法院認定之犯罪事實與起訴書之記載相同者，並得引用之（第310條之1）；另增訂適用簡式審判案件之判決書之內容準用簡易案件之判決書內容（第310條之2），以求簡化。又為配合92年2月26日採改良式當事人進行主義之精神，於本次修正第326條將法院原得調查及**蒐集**證據之職權改為「法院或受命法官，得於第一次審判期日前，訊問自訴人、被告及**調查證據**，……」並刪除第3項中第253條之1至之3關於緩起訴部分以裁定駁回之適用，以符合自訴程式運用之機制。

（十二）民國95年（2006年）5月24日刑事訴訟法

增訂第31條第5項被告因智能障礙無法為完全之陳述，於偵查中未經選任辯護人者，檢察官應指定律師為其辯護。以維護智能障礙者之權益。若檢察官未指定律師為智能障礙被告辯護時，其後果雖未如應用辯護人案件未經辯護人到庭而逕行判決之當然違背法令的嚴重，但參照同法第158條之4之規定：「實施刑事訴訟程序之公務員因違背法定程序取得之證據，其有無證據能力之認定，應審酌人權保障及公共利益之均衡維護。」等語觀之，審判長於運用自由心證決定是否採取檢察官於該期間所取得之證據時，因其違反法律之強制規定，為免有礙人權保障，其採取之可能性自然降低。無形中即等於限制法院自由心證行使之範圍。

（十三）民國96年（2007年）3月21日刑事訴訟法

修訂第284條之1將原來規定除簡式審判程序及簡易程序案件外，第一審案件一律行合議審判之規定改為包括第376條第1款（最重本刑3年以下有期徒刑、拘役或專科罰金之罪）、第2款（刑法第320條、第321條之竊盜罪），所列之罪**以外之案件**，才行合議審判。讓第一審法官對於該類案件可行獨任審判，使其更能投注心力在較為重大複雜案件之審判工作，待日後第二審、第三審完成金字塔化之修法以後，始依時機隨之修正為所

有行通常程序之案件均應行合議審判。

（十四）民國96年（2007年）7月4日刑事訴訟法

　　修正第33條第2項使無辯護人之被告於審判中得預納費用請求付與卷內筆錄之影本。但筆錄之內容與被告被訴事實無關或足以妨害另案之偵查，或涉及當事人或第三人之隱私或業務秘密者，法院得限制之。

（十五）民國98年（2009年）7月8日刑事訴訟法

　　修正被告或犯罪嫌疑人之羈押權由法院決定，深夜訊問經被告、辯護人、輔佐人聲請翌日訊問者不得拒絕（第93條）。另規定簡易判決處刑（不經通常審判程序）之條件（第449條）[2]。

2　第93條修正要點：「被告或犯罪嫌疑人因拘提或逮捕到場者，應即時訊問。偵查中經檢察官訊問後，認有羈押之必要者，應自拘提或逮捕之時起二十四小時內，敘明羈押之理由，聲請該管法院羈押之。未經聲請者，除命具保、責付或限制住居者外，檢察官應即將被告釋放。法院於受理羈押之聲請後，應即時訊問。但至深夜仍未訊問完畢，或深夜始受理聲請者，被告、辯護人及得為被告輔佐人之人得請求法院於翌日日間訊問。法院非有正當理由，不得拒絕。」第449條修正要點：「第一審法院依被告在偵查中之自白或其他現存之證據，已足認定其犯罪者，得因檢察官之聲請，不經通常審判程序，逕以簡易判決處刑。但有必要時，應於處刑前訊問被告。前項案件檢察官依通常程序起訴，經被告自白罪，法院認為宜以簡易判決處刑者，得不經通常審判程序，逕以簡易判決處刑。」

（十六）民國99年（2010年）6月23日刑事訴訟法

修訂第34條辯護人接見羈押被告及互通書信之條件，增訂第416條第3款、第4款，審判長、受命法官、受託法官、檢察官所為處分，受處分人得聲請撤銷變更之條件，經撤銷者，法院得宣告該扣押物不得作為證據。

（十七）民國101年（2012年）6月13日刑事訴訟法

規定偵查中辯護人得在場及陳述意見（第245條第2項）。

（十八）民國102年（2013年）1月23日刑事訴訟法

規定強制辯護及指定辯護之案件，除先前3年以上有期徒刑及高院管轄一審案件、智能障礙無法完全陳述者外，增訂「原住民、低收入戶或中低收入戶而聲請指定，及其他案件審判長認有必要者」等情形（第31條第1項第4款至第6款）；另規定訊問被告應告知事項。

（十九）民國104年（2015年）1月14日刑事訴訟法

規定被告、犯罪嫌疑人得隨時選任辯護人（第27條第1項）；擴大審判中未選任辯護人，審判長應指定

辯護之範圍，包括所有心智障礙類族群（心智缺陷無法
為完全之陳述者如自閉症、精神障礙、失智症等患者）
（第31條第1項第3款）。

（二十）民國105年（2016年）6月22日刑事訴訟法

此次修法主要針對沒收之相關規定，將沒收定位為
主刑之一種，得單獨宣告之，連帶須對宣告沒收之程序
制定一完整之體系，以便獨立運作，包括准許將沒收列
為認罪協商之範圍，其影響第三人之權益者，亦設如民
事訴訟程序中之參與訴訟制度，讓該利害關係之第三人
得參與沒收之審理程序以保障其權益，其中涉及認定事
實相關之扣押物，因扣押之被撤銷，許法院以裁定宣告
不得作為證據。

（二十一）民國106年（2017年）4月26日刑事訴訟法

此次修訂主要在確定羈押之要件（第101條）及將
羈押審查之程序列入強制辯護之範圍（第31條之1），
以確保犯罪嫌疑人之權益。並規定辯護人之閱卷範圍，
其經法院禁止被告及其辯護人獲知之卷證，不得作為羈
押審查之依據（第101條第3項），以確保其防禦權。
另為避免疲勞訊問，增訂深夜訊問之要件（第93條第5
項、第6項）以兼顧人權及偵查權之行使。

（二十二）民國106年（2017年）11月16日刑事訴訟法

修正檢察官職權不起訴之範圍（第253條）減少起訴案件，及確定第一審行合議審判之原則及範圍（第284條之1）、限制第三審上訴之範圍（第376條）以確立堅實之第一審，並減少第三審之案件以形成金字塔型之訴訟結構。

（二十三）民國108年（2019年）5月24日刑事訴訟法

本次修正主要關於辯護人之閱卷權及被告限制出境出海之相關程序條件及審核之標準。事涉自由心證之行使之範圍。

（二十四）民國108年（2019年）7月17日刑事訴訟法

本次修正有關於法院審酌決定羈押與否之標準（部分涉及心證之行使），規定法院許可停止羈押時，於命被告於相當期間應遵守一定事項，須審酌人權保障及公共利益之均衡維護，於認有必要時，決定被告應遵守之事項及其效力期間[3]。

3　修正第116條之2內容如下：「法院許可停止羈押時，經審酌人權保障及公共利益之均衡維護，認有必要者，得定相當期間，命被告應遵守下列事項：一、定期向法院、檢察官或指定之機關報到。二、不得對被害人、證人、鑑定人、辦理本案偵查、審判之公務員或其配偶、直系血親、三親等內之旁系血親、二親等內之姻親、家長、家屬之身體或財產實施危害、恐嚇、騷擾、

（二十五）民國109年（2020年）1月8日刑事訴訟法

　　本次修正旨在引進德國及日本之「修復式司法」制度，讓被害人參與司法程序，使被告及被害人得有調解之管道，其中亦有涉及法官、檢察官心證部分相關條文，將以前統由檢察官代表之被害人直接引入訴訟程序，使其能於法官審理時表示意見，並允許參與人得選任代理人，及賦予代理人相當於辯護人之有關權限，如閱卷權、辯論證據證明力（第455條之46）、量刑意見之機會（第455條之47），使原由檢察官、被告兩造，增為檢察官、被告、參與人三造之訴訟結構，對被害人權益之保護，及加害、被害雙方之和解應有助益。

（二十六）民國109年（2020年）1月15日刑事訴訟法

　　此次修法係在落實《公民與政治權利國際公約》及《經濟社會文化權利國際公約》之精神，將保障刑事訴訟訴訟關係人之權益，自司法警察（官）調查、檢察官

接觸、跟蹤之行為。三、因第一百十四條第三款之情形停止羈押者，除維持日常生活及職業所必需者外，未經法院或檢察官許可，不得從事與治療目的顯然無關之活動。四、接受適當之科技設備監控。五、未經法院或檢察官許可，不得離開住、居所或一定區域。六、交付護照、旅行文件；法院亦得通知主管機關不予核發護照、旅行文件。七、未經法院或檢察官許可，不得就特定財產為一定之處分。八、其他經法院認為適當之事項。前項各款規定，得依聲請或依職權變更、延長或撤銷之。法院於審判中許可停止羈押者，得命被告於宣判期日到庭。違背法院依第一項或第三項所定應遵守之事項者，得逕行拘提。第一項第四款科技設備監控之實施機關（構）、人員、方式及程序等事項之執行辦法，由司法院會同行政院定之。」

偵查及於法院審判階段加以貫穿，保障對象包括犯罪嫌疑人、被告、告訴人、證人及扣押物之所有人、持有人或保管人等訴訟關係人，使我國刑事訴訟保障人權之制度邁入新的里程碑。其主要條文如下：

1. 受拘提或逮捕程序保障部分

(1) 不經傳喚逕行拘提，必須符合比例原則（修正條文第76條）。

(2) 逕行拘提犯罪嫌疑人時，應即告知本人及其家屬得選任辯護人到場（修正條文第88條之1）。

(3) 執行拘提或逮捕時，應當場告知相關原因及權利事項，並以書面通知相關原因（修正條文第89條）。

(4) 執行拘提、逮捕或解送而使用戒具時，必須符合比例原則（修正條文第89條之1）。

2. 受訊（詢）問之程序保障部分

(1) 辯護人得協助受訊問之被告閱覽筆錄，並得對筆錄記載有無錯誤表示意見（修正條文第41條）。

(2) 被告或其他受訊（詢）問人，如為聽覺或語言障礙或語言不通者，應由通譯傳譯（修正條文第99條）。

(3) 禁止不正方法訊問及訊問程序錄音、錄影之規定，亦準用於訊問證人之情形（修正條文第192條）。

3. 審判中之程序保障部分

(1) 對於審判中得檢閱卷宗及證物或抄錄、重製或攝影之閱卷規則,賦予法律授權依據,提升規範位階(修正條文第38條之1)。

(2) 扣押物之所有人、持有人或保管人有正當理由者,得預納費用請求付與扣押物之影本(修正條文第142條)。

(3) 告訴人得就證據調查事項向檢察官陳述意見,並請求檢察官向法院聲請調查證據(修正條文第163條)。

(4) 就事實及法律辯論後,應命當事人及辯護人為科刑辯論,且於科刑辯論前,應給予告訴人、被害人或其家屬或其他依法得陳述意見之人,就科刑範圍表示意見之機會(修正條文第289條)。

(5) 為保障告訴人及被告之救濟權,延長再議(由7日延長為10日)、上訴(由10日延長為20日)及補提上訴理由書(由10日延長為20日)之期間(修正條文第256條、第256條之1、第349條、第382條)。

(6) 為尊重受判決被告期能及早確定而不上訴之權益,將無期徒刑判決排除職權上訴之適用(修正條文第344條)。

4. 刑事訴訟法其餘修正部分

(1) 將再犯率較高之重罪、侵害身體自主權或性自主決定權之犯罪、加重詐欺罪等類型，列為預防性羈押之對象（修正條文第101條之1）。

(2) 明定第三審上訴中案件之逕行限制出境、出海處分，由第二審法院裁定，以補現行法制之不足（修正條文第121條）。

(3) 將各條文「推事」、「首席檢察官」、「檢察長」等舊式用語，修正為「法官」、「檢察長」、「檢察總長」，且為配合各級檢察署去法院化，及刑法已刪除常業犯規定，修正相關法條文字，並因應現行實務及戶籍法之規範，修正裁判書、傳票及通緝書之記載事項。

5. 刑事訴訟法施行法增訂第7條之12部分

(1) 日出條款：就此次修法涉及閱卷、文書記載事項、拘捕程序、通譯、請求付與扣押物影本、證人訊問、量刑辯論等變革之修正規定，給予自公布後6個月施行之配套緩衝期間。

(2) 過渡條款

A. 此次修法施行前，經宣告無期徒刑而尚未職權上訴之案件，於施行後仍適用修正前之規定，以避免爭議。

B. 此次修法施行時，如再議或上訴期間依修正前之規定尚未屆滿，或第三審上訴中之案件尚未

判決，其再議、上訴或補提上訴理由書之期間，均採有利於再議聲請人或上訴人之原則，而適用修正後之規定[4]。

（二十七）小結

由上述修法之歷程可以看出：

1. 自由心證之範圍由原來僅在不違背法官之經驗法則及論理法則之原則下由法官自由斟酌。逐漸修法建立須不違背一定的採證程序（排除法則、證據能力法則及合法性法則）下取得證據者始得使用，且此等法則亦經由逐次的修法有日漸趨於嚴格之趨勢。

2. 另受美國、德國、日本法制之影響，逐漸透過交互詰問之方式使當事人參與的份量加大，法官逐漸退居第三者的立場平亭曲直，使從前職權主義的色彩逐漸淡化。

3. 為公平建立證據規範，讓法官採證規則有跡可循，於是一系列關於何者可用、何者不可用之證據規則隨之出現，以明文規定限制了法官自由心證之行使。

4. 另經由授權檢察官及下級審法院過濾輕微案件之程序，逐次減少法院辦理一般案件數量之修法，例如：增加檢察官職權不起訴處分之空間，擴大聲請簡易處

---

4 參閱司法院108（2019）.12.17新聞稿，https://www.judicial.gov.tw/tw/cp-1887-130674-29c8a-1.html。

刑之範圍、增設緩起訴制度、認罪協商制度、增加限制第三審上訴之門檻、允許被害人參與訴訟，均使法官自由心證行使之空間受到制約，其得行自由心證之案件量逐漸減少。

5. 在訴訟程序上，因引入當事人進行主義之相關配套法制，擴大辯護人參與訴訟之時機，如原先只在起訴之後始能選任，改成偵查階段從在場權到可以陳述意見，偵查中羈押審查採強制辯護制度、重罪羈押之要件從5年以上有期徒刑，增加須具備有相當理由認有逃亡、湮滅、偽造變造證據，或勾串共犯或證人之虞者始能羈押之條件，擴張強制辯護案件適用之範圍到精神障礙或其他心智缺陷、原住民、中低收入戶之聲請辯護者，及檢察官聲請羈押之審查等，種種保護人權之配套措施，使法院在違反規定時，產生判決被推翻之效果，間接限縮了自由心證行使的空間。

6. 審判筆錄由書記官記錄，必須全程錄音，必要時得全程錄影；深夜訊問由相對禁止改為絕對禁止。

7. 法官曾為告訴人或告發人原無須自行迴避，改為應自行迴避；原只要為被告或被害人之親屬，無親等之限制，均須迴避，改為八親等內血親、五親等內姻親，或家長家屬者始須迴避。

8. 引進兩公約並落實於刑事訴訟法之中，將國際法透過修法成為國內法，並體現於刑事訴訟各個階段，以保障人權，間接限縮法官自由心證的空間，實現英美當事人主義，檢察官與被告、辯護人武器對等之精神，

並給予告訴人參與訴訟之機會，使訴訟程序趨於公開，法院之裁判趨於公正！

9.另由於憲法第8條規定人身自由之保障對於「法定程序」之要求，類似美國、日本憲法對法的適正程序之概念，依大法官釋字第384號解釋：解釋法的正當程序包括實體法及程序法規定之內容，就實體法而言，如須遵守罪刑法定主義；就程序法而言，如犯罪嫌疑人除現行犯外，其逮捕應踐行必要之司法程序、被告自白須出於自由意志、犯罪事實應依證據認定、同一行為不得重複處罰、當事人有與證人對質或詰問證人之權利、審判與檢察之分離、審判過程以公開為原則，及對裁判不服提供審級救濟等。因認檢肅流氓條例之強制到案及秘密證人等規定不符此原則而宣告違憲；大法官釋字第392號解釋：透過修法將刑事訴訟法第101條、第102條等之檢察官羈押權修正回歸法院，及依大法官釋字第436號解釋准許平時經軍事審判終審判決宣告有期徒刑以上之案件，透過修法可向普通法院以違背法令為由請求救濟，而有其後之新法出現等等，雖與美日直接以排除法則運用於個案之證據認定上有程度上之差別，且經由解釋擴大了所謂法定程序之範圍，使憲法保障人權之腳步與時俱進，而讓一些限制人身自由之舊有法制走入歷史，可以看出我國近年受英美法制之影響。此雖與自由心證主義之消長看似無關，惟就人權保障法制之歷史演變過程觀之，則可尋出其互為因果及相互關聯的脈絡！

二、中華民國民事訴訟法

　　我國民事訴訟法於民國19年（1930年）制定之初，即引進自由心證主義，於第213條揭櫫：「法院審理事實，應斟酌辯論之意旨，及調查證據之結果，依自由心證以為判決。但別有規定者，不在此限。得心證之理由，應記明於判決。」其後歷經多次修正，除條次有變動外，其內容並無多大之變動，現行條文第222條第1項規定：「法院為判決時，應斟酌全辯論意旨及調查證據之結果，依自由心證判斷事實之真偽。但別有規定者，不在此限。」第2項：「當事人已證明受有損害而不能證明其數額或證明顯有重大困難者，法院應審酌一切情況，依所得心證定其數額。」第3項：「法院依自由心證判斷事實之真偽，不得違背論理及經驗法則。」第4項：「得心證之理由，應記明於判決。」係民國89年修正時所增訂，於自由心證主義之範圍雖略有擴張及明文限制，惟基本原則並無變動。其關於證據之調查及認定，由於採當事人進行主義為主，僅必要時才由法官依職權進行調查，因此雖與刑事訴訟程序同採自由心證主義及言詞辯論主義，惟訴訟進行的樣貌多依當事人之主張，有關規定均僅原則提示，不若刑事訴訟之以追求發現事實及保障人權為終極目標規定之嚴謹，茲將現行民事訴訟之相關規定條列如附件二，並概述如下：

（一）法院行使自由心證判斷事實之真偽，須依辯論及調查證據之結果如何才能決定。並不得違背論理

　　及經驗法則（§222）。

（二）當事人應以書狀記載其所用之攻擊或防禦方法，及對於他造之聲明並攻擊或防禦方法之陳述，提出於法院（§265）。

（三）當事人對下列事項有舉證責任：

　　1.對主張有利於己之事實（§277）。

　　2.習慣、地方制定之法規及外國法為法院所不知者（§283）。

（四）明文規定毋庸舉證之情形如下：

　　1.事實於法院已顯著或為其職務上所已知者（§278）。

　　2.當事人自認（§279）。

　　3.對於他造主張之事實，於言詞辯論時不爭執（§280）。

　　4.法律上推定之事實無反證者（§281）。

（五）明文規定當事人於言詞辯論時，就訴訟標的為捨棄或認諾者，應受敗訴判決之結果（§384），此與刑事訴訟之著重發現真實，縱然被告自白亦不得以之為判決有罪之唯一依據者，迥然不同。

（六）許法院於不能依當事人聲明之證據而得心證，為發現真實認為必要時，得依職權調查證據（§288Ⅰ）。是為當事人主義之例外。

（七）法院行使自由心證認定事實之根據及範圍：

　　1.法院得依已明瞭之事實，推定應證事實之真偽（§282）。

2.遇當事人因妨礙他造使用，故意將證據滅失、隱匿或致礙難使用者，法院得審酌情形認他造關於該證據之主張，或依該證據應證之事實為真實（§282-1Ⅰ）。

3.對於當事人聲明之證據，雖應調查，但認為不必要調查者，可不調查（§286）。

（八）訊問證人之方法：

1.應與他證人隔別行之。但審判長認為必要時，得命與他證人或當事人對質（§316Ⅰ）。

2.審判長應命證人就訊問事項之始末，連續陳述（§318Ⅰ）。

3.審判長因使證人之陳述明瞭完足，或推究證人得知事實之原因，得為必要之發問（§319Ⅰ）。

4.當事人得聲請審判長對於證人為必要之發問，或向審判長陳明後自行發問（§320Ⅰ）。

5.當事人之發問與應證事實無關、重複發問、誘導發問、侮辱證人或有其他不當情形，審判長得依聲請或依職權限制或禁止之（§320Ⅲ）。

6.法院如認證人在當事人或特定旁聽人前不能盡其陳述者，得於其陳述時命當事人或該旁聽人退庭。但證人陳述完畢後，審判長應命當事人入庭，告以陳述內容之要旨（§321）。

（九）聲明書證之方法：

1.聲明書證，應提出文書為之（§341）。如係使用他造所執之文書者，應聲請法院命他造提出

（§342Ⅰ）。

2. 法院認應證之事實重要，且舉證人之聲請正當者，應以裁定命他造提出文書（§343）。

3. 下列各款文書，當事人有提出之義務（§344）：

　(1)該當事人於訴訟程序中曾經引用者。

　(2)他造依法律規定，得請求交付或閱覽者。

　(3)為他造之利益而作者。

　(4)商業帳簿。

　(5)就與本件訴訟有關之事項所作者。但其內容涉及當事人或第三人之隱私或業務秘密，如予公開，有致該當事人或第三人受重大損害之虞者，當事人得拒絕提出。法院於此為判斷其有無拒絕提出之正當理由，必要時，得命其提出，並以不公開之方式行之。

4. 當事人無正當理由不從提出文書之命者，法院得審酌情形認他造關於該文書之主張或依該文書應證之事實為真實（§345Ⅰ）。

5. 機關保管或公務員執掌之文書，不問其有無提出之義務，法院得調取之（§350Ⅰ）。

6. 公文書應提出其原本或經認證之繕本或影本（§352Ⅰ）。

7. 私文書應提出其原本。但僅因文書之效力或解釋有爭執者，得提出繕本或影本（§352Ⅱ）。

8. 法院得命提出文書之原本（§353Ⅰ）。不從前項之命提出原本或不能提出者，法院依其自由心證

斷定該文書繕本或影本之證據力（§353Ⅱ）。

9. 關於文書真偽之認定依下列之標準：

(1) 文書，依其程式及意旨得認作公文書者，推定為真正（§355Ⅰ）。

(2) 公文書之真偽有可疑者，法院得請作成名義之機關或公務員陳述其真偽（§355Ⅱ）。

(3) 外國之公文書，其真偽由法院審酌情形斷定之。但經駐在該國之中華民國大使、公使、領事或其他機構證明者，推定為真正（§356）。

(4) 私文書應由舉證人證明其真正。但他造於其真正無爭執者，不在此限（§357）。

(5) 私文書經本人或其代理人簽名、蓋章或按指印，或有法院或公證人之認證者，推定為真正（§358Ⅰ）。

(6) 當事人就其本人之簽名、蓋章或按指印為不知或不記憶之陳述者，應否推定為真正，由法院審酌情形斷定之（§358Ⅱ）。

(7) 文書之真偽，得依核對筆跡或印跡證之（§359Ⅰ）。

(8) 法院得命當事人或第三人提出可供核對之文書。核對筆跡或印跡，適用關於勘驗之規定（§359Ⅱ、Ⅲ）。

(9) 法院認為必要時，得依職權訊問當事人（§367-1Ⅰ）。前項情形，審判長得於訊問

前或訊問後命當事人具結（§367-1 II）。當
事人無正當理由拒絕陳述或具結者，法院得
審酌情形，判斷應證事實之真偽（§367-1
III）。

(10) 依前條規定具結而故意為虛偽陳述，足以影
響裁判之結果者，法院得以裁定處新臺幣3
萬元以下之罰鍰（§367-2 I）。

以上是我國於訴訟法上經由逐漸修法以後顯露出自
由心證主義的運作輪廓，法條之修正很多本是出於簡化
訴訟程序、減輕法官辦案數量，或是建構所謂金字塔型
訴訟結構等司法政策的考量，與法官運用自由心證之空
間並無直接之關係，但由於修法之結果無形中使法官心
證之空間，與最初師法德日大陸法系時所得運作之心證
空間產生很大之差異。不能不說其之所以如此，仍是出
於人民對司改及對法官原有心證之空間要求加以限制使
然。而從歷次修法的理由甚多參考美日法制，日本從大
陸法系走向英美法系又可以從其戰後上述實務及學界受
美國的影響有關。而美國法源於英美法重視人權保障之
法制，本有自己一套判斷事實的方法，那是自古以來經
由宗教信仰而產生的陪審制度，須有一套適合一般非法
律專家之陪審員可資運用之證據規則以為法庭使用[5]，

---

[5] 美國於1975年1月2日由參眾兩院通過、福特總統簽署公布後6個月實施之美
國聯邦證據規則（有人因其係聯邦國會通過總統公布，而以聯邦證據法稱
之，但從其第11條之3規定聯邦最高法院有改廢權來看，日人以「規則」稱

此與大陸法係由法律專業之法官進行訴訟程序認定事實
適用法律者本不相同。從美國聯邦證據規則之內容可以
看出，該法之目的旨在使陪審事件所遇到的可能場合均
有對不被允許之證據在可能的限度內預作思考，以為進
行訴訟程序之張本（第1條之三(c)），非為限制當事人
提出之證據價值或信用性（第1條之四(e)）所作。從其
內容無非規定：證人資格、證據之關聯性、自白之許容
性、法院已知事實、推定、關聯性之界線、性格證據、
證人、個人、聯邦政府、州關於彼等的政治特權的準據
法（依普通法）、民事訴訟與請求原因或抗辯有關之
決定（依州法）、證人適格、證人信用性、證人詢問
之方法及順序、意見證言及鑑定證言、傳聞法則、傳
聞的例外、證明事實之真正及同一性（由提出者以該規
則所例示之證據充分舉證證明）等，可知英美法體系係
因採陪審團裁判之故，需要一套證據規則使法院得在非
法律專業之陪審員面前有一套讓彼等產生心證之調查證
據方法，不若大陸法之職權主義由職業法官自行調查證
據，依調查之結果，本其經驗決定取捨。兩者雖各有優
缺，然實施職權主義之日本於美國占領之後受美國法之
影響，制定類似美國憲法有關人權保障的新憲，很自然
地在刑事訴訟程序上就繼受了英美法中關於傳聞法則、
證人資格、證據之關聯性、自白之許容性、法院已知事
實、推定、證人適格、證人信用性、證人詢問之方法及

之似較合理）。

順序等保障被告權益的調查證據規則，成為法官自由心證證據資料之產生依據，以補大陸法系職權主義調查證據方法之不足，使當事人經由參與訴訟過程得有表示意見之機會，並以之使法官對當事人之爭點及正反兩方之證據較能以客觀之立場作出取捨之評斷。無形中融合了英美及大陸法系的差異，使法官自由心證之行使有較具體的規範可循，也使以前被人詬病的自由心證有了較明顯的界線及輪廓。詎料經由美軍於二次大戰後傳入德日等大陸法系國家後，英美法之證據規則及憲法保障人權之規定，卻逐漸經由立法之程序被此等大陸法系國家所吸收，並以實定法之方式融入大陸法系之中，而為我國所引進，使我國原本自由心證主義之範圍因引進英美法之證據法則，如傳聞法則、證據排除法則、合法性法則、證人交互詰問制度等而受到制約，此為本文將我國近年來透過修法引進之種種證據規範，歸類為對自由心證之限制（事後所加），而不稱它是自由心證（原來既有）的例外之緣由，而以此解釋為何引進此等英美法的證據規則，也較能符合歷年修法之原因，與舊法時期法官認定事實之心證空間常遭外界批評之實情有關！使後來之研究者看得出此一趨勢乃是對大陸法系的自由心證外加限制發展出來的結果！

三、日本刑事訴訟

日本近代刑事訴訟制度如前所述，始於明治維新時期採用法國學者波亞蘇那度之意見，於明治9年（1876年）廢止法定證據主義，參考法國治罪法（1880年公布、1882年施行），引進包括自由心證主義、公開主義、辯論主義、證據裁判主義等近代的證據法則，雖經歷舊舊刑事訴訟法〔明治23年（1890年）制定，26年（1893年）施行〕及舊刑事訴訟法〔大正11年（1922年）制定，13年（1924年）施行〕參考德國法加以修正，仍然延續大陸法的職權主義精神，委由法官本其良心依其經驗自由心證判斷事實之真偽，直至二次大戰後受美軍占領，於昭和21年（1946年）制定了新憲法，受英美法的影響[6]，於憲法第37條明文規定：「所有刑事事件中被告均有受公平裁判所迅速、公開裁判之權利（第2項）。刑事被告均須給予充分審問全部證人之機會、及以公費為自己經由強制程序請求證人作證之權利（第3項）。」刑事被告在任何場合均可委任有資格之辯護人為其辯護，如被告無力委任時，國家須為其委任。

第38條：「任何人不得被強制為不利於己之供述（第1項）。以強制、拷問或以脅迫取得之自白，或不

---

6 井上正仁：刑事訴訟法制定過程年表，ジュリスト1974.1.1，No. 551，頁59-60。昭和21年2月美軍總司令部交付日本政府憲法草案，4月憲法改正草案發表，11月日本憲法公布。

當長期拘留或拘禁後之自白不得作為證據（第2項）。任何人不得以本人之自白為自己不利的唯一證據判決有罪，或科處刑罰（第3項）。」

基於保護人權的需要，開始以憲法要求對刑事被告須給予迅速公開之審判，及不得以被告自白為有罪判決之唯一依據。甚至規定強制、拷問或以脅迫取得之自白，或不當長期拘留或拘禁後之自白不得作為證據。以憲法明文規定法院採證之範圍，並於昭和23年（1948年）仿效美國伊利諾州（Illinois）之刑事訴訟法，制定新刑事訴訟法（次年1949年施行）引進英美法之傳聞法則，從職權主義改採當事人進行主義，大幅規定由兩造詢問證人之相關規定，及傳聞法則之例外，間接限縮職權主義下法官行使自由心證之範圍。與以前最高裁認為憲法第38條第3項本人之自白不得作為有罪唯一證據之規定，不包含公判庭之自白之解釋已有顯著的進步，內田一郎教授於早稻田大學創立80周年紀念演講即稱，現行刑事訴訟法關於自白之證據價值即有舊法時期所未見的某種限制，例如被告無論在公判庭自白與否，該自白不能作為被告有罪之唯一證據（第319條第2項），即為其例，此種限制是從美國法制所學而來[7]，可以看見日本刑事訴訟法進化的軌跡。

惟依日本學者的分析比較英美傳聞法則之例外的判例固多，但從日本之刑事訴訟法第321條以下的規定

來看，例外的範圍亦甚廣泛[8]，因此法官行使自由心證之範圍仍有相當的空間，不過2016年5月24日（6月3日公布）再經修正後，新創設了許多前所未有的制度，例如：1.調查時的錄音、錄影制度；2.證據蒐集之協力及關於追訴的合議制度；3.刑事免責制度；4.許可保釋之考量條件；5.充實辯護人之援助；6.擴充證據開示之方式導入證據一覽表交付之手續；7.加強保護被害人及證人之措施；8.提高證人拒絕出庭之罰則；9.自白事件之簡速處理措施等。第1點至第6點措施之改進與自由心證主義之適用有關，吾人亦可從其修正之內容看出該國運用此法則之趨勢。例如：舊法時期關於保釋的條件任由法官自由心證認為適當時即可，因此最高裁認為，被告有拘留必要性或為保釋的判斷之際，需考慮罪證隱匿之「現實可能性之程度」[9]，此次修法加入考慮「隱匿罪證疑慮之程度」一詞，學者即認為係指含有該「現實可能性之程度」之意涵在內[10]，可以說新法是將上開判例法制化之結果。

8　熊谷弘等編，證據法大系Ⅲ─傳聞證據，頁3。
9　最高裁平成26年11月17日決定，最高裁刑集68卷9號，頁1020。
10　河津博史：裁量保釋の判斷にあたっての考慮事情の明確化，載自由と正義，2016年9月，Vol. 67，頁9。

四、日本刑事訴訟法規定之自由心證法則

　　茲將其最近二度修正後之刑事訴訟法〔平成26年（2014年）6月25日及平成28年（2016年）5月24日〕關於自由心證法則之相關規定摘要如下，並附錄其條文如附件三以供參考：

1. 事實應依證據認定之（§317）。
2. 證據之證明力由法官自由判斷之（§318）。
3. 非任意的自白（出於強制、拷問或脅迫之自白以及不當長時間拘留或拘禁後等具非任意性自白疑義者）。〔均不得作為證據〕（§319Ⅰ）。
4. 縱使任意自白亦不得作為有罪判決之唯一證據（§319Ⅱ）。
5. 除法有規定者外，不得以文書取代審判期日之供述，或以審判期日外之他人供述作為證據（§320Ⅰ）。
6. 被告以外之人作成之供述書或記錄供述人供述之文書，經其簽名或署押，以法有明文者為限，始得作為證據（§321Ⅰ）。
7. 記載被告以外之人於審判準備或審判期日供述之文書，或記載法院、法官勘驗結果之文書，得作為證據（§321Ⅱ）。
8. 被告作成之供述書或記錄被告供述之文書，經被告簽名或蓋印者，以該供述乃被告承認不利之事實為內容，或具有特別可信之情況下所為，且對其任意性無懷疑者為限，始得作為證據（§322）。

9. 戶籍謄本、公證書謄本及其他公務員（包括外國公務員）就其職務上得以證明之事實，製作之文書、商業帳簿、航海日誌及其他於通常業務過程製作之文書、其他在特別可信情況之下所製作之文書，得作為證據（§323）。

10. 被告以外之人於審判準備或審判期日以被告之供述為內容所為之供述，以具有特別可信之情況為限，得作為證據（§324）。

11. 當事人同意之書面，經考慮該文書或供述作成時之情況，認為適當者為限，得作為證據（§326）。

12. 經當事人合意之文書內容，或記載審判期日到場將為供述內容之書面，得作為證據（§327）。

13. 爭執證明力之證據得作為證據（§328）。

14. 傳聞法則不適用於即決審判之案件（§350-12）。

15. 合於法定條件之特別刑事案件，經檢察官與本案被告或犯罪嫌疑人為特定行為之合意時，其供述得為他案共犯之證據（§350-2～§350-15）[11]。

16. 經刑事免責裁定取得之被告以外證人之證言，除不

---

[11] 2016年日本刑事訴訟法新增第四章：證據蒐集之協力及關於追訴之合意制度，其第350條之2規定：檢察官考量涉犯特定犯罪之嫌疑人或被告，關於涉犯特定犯罪之他人刑事事件（以下簡稱他人刑事事件），依第1款所載之一或二以上行為取得證據之重要性、相關犯罪之輕重及情狀、與本案相關犯罪關聯之程度及其他情事，認為必要時，在與嫌疑人或被告間，嫌疑人或被告於該他人的刑事事件中有為同款所載之一或二以上之行為時，檢察官得為嫌疑人或被告關於本事件有第2款所載之一或二以上行為內容之合意。例如：要求嫌疑人出面於檢察官、檢察事務官、司法警察訊問之際為真實之供述、檢察官對之為不起訴處分之合意等。

得使用於證人本身之案件外，適用於任何犯罪之案件（§157-2、§157-3）[12]。

17. 最高裁原認為：刑訴法尚未採用刑事免責制度，給予刑事免責而取得供述之囑託證人詰問筆錄，不被容許使用於本案[13]。因上開新制實施後即獲得解免。

　　這些是透過刑事訴訟法明文規定之採證法則。從其內容加入英美法之傳聞法則及證人交互詰問之種種規定，可以看出受英美法之影響。除此之外，因美國聯邦最高法院經由憲法修正案的解釋逐年累積的經驗，特別是受美國聯邦憲法對於人權保護判例〔如有關排除法則及法的適正程序（Due process of law）等相關判例〕的影響而逐漸成為日本國內法之訴訟規範。其後間接影響及於我國刑事訴訟之證據法則，此從兩國修法內容及先後可得而知！

---

12 此亦為2016年新增之制度，其第157條之2第1項規定：「檢察官於聲請詰問證人時，預定證人有受刑事訴追或有罪判決之事項之虞為詰問時，於考慮該證言之重要性、關係犯罪之輕重及其他情事，認為必要時，得預先請求裁判所依下列條件行之：一、證人回答詰問之供述或依此取得之證據，除其行為合於本法第一百六十一條（證人無正當理由拒絕宣誓或證言罪）或刑法第一百六十九條（偽證罪）事件之場合以外，於該證人之刑事事件不能以之作為其不利之證據。二、雖有第一百四十六條（不自證己罪之拒絕證言權）之規定，但不得於該證人詰問時以自己有受刑事訴追或有罪判決之虞而拒絕證言。」第2項：「裁判所受前項之請求時，裁判所就該證人應受詰問事項，除明白確認不包含證人受刑事訴追，或受有罪判決之虞之事項之場合以外，須裁定應依同項各款所載條件之旨詰問該證人。」其第157條之3亦允許證人詰問後之免責之請求。
13 最高裁判例集，49卷2號，頁1。

第六章　美國聯邦憲法證據排除法則對日本刑事訴訟探證的影響

一、美國聯邦憲法證據排除法則之相關條文

（一）美國聯邦憲法第4條修正案規定：「人民有保護其身體、住所、文件與財物之權，不受無理拘捕，搜索與扣押，並不得非法侵犯。除有正當理由，經宣誓或代誓宣言，並詳載搜索之地點，拘捕之人或押收之物件外，不得頒發搜索票、拘票或扣押狀。」[1]

（二）**第5條**修正案規定：「非經大陪審團提起公訴，人民不受死罪或汙辱罪之審判，惟發生於戰時或國難時，服現役之陸海空軍中或民團中之案件，不在此限。受同一犯罪處分者，不得令其受兩次性命或身體上之危險。不得強迫刑事罪犯自證其罪。亦不得未經正當法律手續使之喪失生命、自

---

[1]　Amendment 4原文如下：The right of the people to be secure in their persons, houses, papers, and effects, against unreasonable searches and seizures, shall not be violated, and no Warrants shall issue, but upon probable cause, supported by Oath or affirmation, and particularly describing the place to be searched, and the persons or things to be seized.

由或財產，非有相當補償，不得將私產收為公
用。」[2]

（三）第6條修正案：「在一切刑事訴訟中，被告有權
　　　由犯罪行為發生地的州和地區的公正陪審團予
　　　以迅速和公開的審判，該地區應事先已由法律
　　　確定；得知控告的性質和理由；准與對造證人對
　　　質；以強制手續取得對其有利於本人的證人；並
　　　取得律師幫助為其辯護。」[3]

（四）第14條修正案第1項規定：「凡出生或歸化於合
　　　眾國並受其管轄之人，皆為合眾國及其所居州之
　　　公民。無論何州，均不得制定或執行剝奪合眾國
　　　公民之特權或赦免之法律，亦不得未經通過適當
　　　法律程序，即剝奪任何人之生命、自由或財產，
　　　並須於該州管轄區予任何人以法律上同等之保

2　Amendment 5原文如下：No person shall be held to answer for a capital, or otherwise infamous crime, unless on a presentment or indictment of a Grand Jury, except in cases arising in the land or naval forces, or in the Militia, when in actual service in time of War or public danger; nor shall any person be subject for the same offence to be twice put in jeopardy of life or limb; nor shall be compelled in any criminal case to be a witness against himself, nor be deprived of life, liberty, or property, without due process of law; nor shall private property be taken for public use, without just compensation.

3　Amendment 6原文如下：In all criminal prosecutions, the accused shall enjoy the right to a speedy and public trial, by an impartial jury of the State and district wherein the crime shall have been committed, which district shall have been previously ascertained by law, and to be informed of the nature and cause of the accusation; to be confronted with the witnesses against him; to have compulsory process for obtaining witnesses in his favor, and to have the Assistance of Counsel for his defence.

護。」[4]

　　美國聯邦最高法院即經由這幾條憲法之規定，將上訴到該院的個案，經由適當程序逮捕拘提審問，及依法給予辯護（包括使其準備答辯）之案件，如有使用拷問或強迫手段，或以詐欺、詭計使犯人自白者，均認為**違背正當法律程序**而認定其取得之證據不得作為判罪之依據，此即近數十年來爭論不休的所謂「證據排除法則」（Exclusionary Rule）。

美國聯邦憲法

---

[4]　Amendment 14原文如下：Passed by Congress June 13, 1866. Ratified July 9, 1868. Note: Article I, Section 1. All persons born or naturalized in the United States, and subject to the jurisdiction thereof, are citizens of the United States and of the State wherein they reside. No State shall make or enforce any law which shall abridge the privileges or immunities of citizens of the United States; nor shall any State deprive any person of life, liberty, or property, without due process of law; nor deny to any person within its jurisdiction the equal protection of the laws.

二、聯邦最高法院運用排除法則受矚目之案例

（一）**維克斯對合眾國事件**（Weeks V. U. S., 1914）：
聯邦最高法院對於警察官及聯邦執行官未有搜索令狀下，進入被告家中搜索，及扣押被告正要郵寄的彩券之行為，直接引用憲法修正第4條認為被告有權請求禁止採證、返還該違法蒐證之書類，並禁止採為判罪之依據[5]。

（二）**布朗對密西西比州事件**（Brown V. Mississippi, 1936）一案中即稱：「固然各邦得自由制定該邦的審判程序，但這種自由，應與立憲主義相符合，而受適當法律程序之限制，……適當法律程序條款要求各邦之行為，無論是出於哪個機關，都需與此自由正義的根本原則相符，這個自由正義的根本原則，乃我們文明社會及政治制度的基礎，……用拷問之法使犯人自白，依此判決罪狀，這很明顯地否認適當程序，……自不能發生效力。」

（三）**羅琴對加利福尼亞州事件**（Rochin V. Cal. State, 1952）：被告羅琴將所持有被發覺之虞的二個麻藥膠囊吞下肚後，州警違反被告之意志將被告帶往醫院洗胃，將該二個膠囊強行取出，提出於

5　Wigmore, on Evidence, 3rd ed., Vol. 8 (1940), § 2184, p. 31.

法院作為證據。聯邦最高法院認為：「政府的代理人為了取得證據，強行進入被告居室，以上開方法打開被告之口強行取出其胃內之物等一連串的行為，連麻痺的良心也不在乎的行為，與拷問及酷似強暴行為相同，為憲法所無法緘默。」「法的適正程序為歷史形成發展無法停止之原理，雖無法給予明確的定義，惟應止於以違背堂堂正正『正義感』之方法使人入罪之程度」「依本件之事實觀之，對被告有罪判決，係以侵害法的適正程序之方法所致，因此須將原判決撤銷。」[6]

（四）**格里芬對伊利諾州事件**（Griffin V. Illinois, 1956）：伊利諾州法律規定被判刑之被告如需審判紀錄副本者須繳納副本費，否則不得索取副本，被告被判刑後，請求上訴，但因無錢繳納副本費無法取得副本，以致無法上訴，經聯邦最高法院以五票對四票判決伊利諾州此項法律違反憲法增修條款第14條的平等保護及適當程序條款而無效[7]。

（五）馬普太太對俄亥俄州事件（Mapp V. Ohio, 1961）：俄亥俄州克里夫蘭市警局接獲報告稱馬普太太家可能私藏炸彈和賭具，市警局乃派員

6　Rochin V. People of California 342 U.S. 165. Supreme court Reporter 72, p. 205.
7　Falter F. Murphy, op. cit., p. 82.

至其家搜索被拒，警員雖無搜索令（search warrant）卻強行入內搜索，結果在其地下室搜到一批違禁物品，市警局即以該等物品向州法院起訴，最後聯邦最高法院以憲法增修條文第4條之規定認該等非法取得之物品無證據力，而將原州法院之判決加以撤銷[8]。

美國聯邦最高法院

<hr />

8　A. T. Mason & W. M. Beaney, op. cit., p. 470.

第七章　日本對違法取得證據所採之態度

　　在日本舊舊刑事訴訟法時代的大審院對違法取得證據所採之態度與前開美國聯邦最高法院的看法就有明顯的差異，茲舉明治26年（1893年）12月18日大審院判決違法之例稱：「警察官對非現行犯並無製作勘驗及訊問筆錄之權能，茲從竊盜案件之調查筆錄觀之，本件不只被告非現行犯，警察官到其犯罪處所作成之臨檢筆錄乃為違法之書面，原審以之為斷罪之證據為違法裁判。」[1]另明治43年（1910年）2月21日大審院第二刑事部關於墮胎事件之判決稱：「辯護人主張作為墮胎證物之『鍼』係司法警察官在無搜索狀，及使被告妻在場之情形下，加以扣押之物，當時並未經被告妻之同意，以之為證為違法。」大審院卻認為：「該證物經所有人泉山菊次郎之承諾而收取，有紀錄第22頁明載，縱令有不法扣押之情形，該物既經公判庭適法調查，原審以之為證，加以採用，並無違法。因為物件的證據力存在於物件本身，扣押的過程適法與否，無法左右其基礎。」[2]學者歸納當時的大審院之見解認為：與違法處

1　刑錄明治26年，頁263。
2　大審院判決錄第16輯，頁283。

分有關作成的調查筆錄或其他報告書面之場合，否定其證據能力；但違法處分過程取得之獨立證物者，則肯定其證據能力[3]。

　　至舊刑事訴訟法時期依然採取同樣的態度，例如：昭和15年（1940年）6月1日大審院第三刑事部之判決，對被告竊盜事件中，從東京拘留所檢查送回來的被告發出的信件，未經法院扣押手續直接以之為證據提出，經由證據調查之後始將之扣押之事件，辯護人以未完成適法的證據調查為由提出主張，最高裁則以：「原審審判長已將該信件提示予被告，及聽取並給予被告陳述辯解之機會後將該信件附卷，即可謂已為適法之證據調查，其後原審並無更進一步將扣押物再作證據調查之必要。」為由駁回其主張。此一見解解釋舊刑事訴訟法之立場，參照昭和24年（1949年）12月13日最高裁第三小法庭之下列判例稱：「假設扣押程序有如所稱之違法，只要將扣押物在公判庭適法的作證據調查（有此紀錄明白存在），即不能依此指責原審認定事實之處置為違法。縱然扣押物之扣押程序違法，但該物本身之性質、形狀並無變更之理，其形狀等相關之證據價值不變。因此，裁判所以之採為罪證與否屬於其自由心證之專權。」云[4]；此種現象如後所述，持續至二次戰後日本新憲法及新刑事訴訟法陸續頒布，又經學者一陣議論

3　井上正仁：刑事訴訟における證據排除（1），頁1189。
4　最高裁刑事判決特報23號，頁37。

之後才有所改變。

　　參照日本新憲法第31條以下亦有類似美國聯邦憲法相當的要求,再經由日本學界對該等判例的熱衷研究及引進,學界原則均承認及接受美國的聯邦法則,只是何種程度之違法始否定其證據能力?為何否定?否定的範圍如何?各說各話[5],其中具代表性的團藤(重光)主張:為防止違法取證之弊害產生為主要考量之下,須綜合的思考各個案件的狀況加以解決[6],以及齋藤(金作)教授主張:經過合併考量違法蒐集證據弊害之結果,是否限制證據能力,須依各種場合做合理的判斷[7]。學界普遍認為判斷是否採取違法取得之證據,仍須斟酌各個案件之情形加以判斷,不能一概而論。

一、日本憲法相關條文

（一）第31條:任何人非經依法定程序,不得剝奪其生命、自由或科處其他刑罰。

（二）第32條:任何人不得被剝奪在裁判所接受裁判之權利。

（三）第33條:任何人除以現行犯被逮捕之情形外,非經依據有權之司法官憲發給明示犯罪理由之令

5　高橋太郎:違法收集證據之證據能力,載齋藤還曆祝賀論文集,頁63。
6　團藤:新刑事訴訟法綱要（昭和33年）六訂版,頁205。
7　齋藤:刑事訴訟法第一分冊（昭和36年）,頁262。

狀，不得被逮捕。

（四）第34條：任何人非經直接告知理由，及給予選任辯護人之權利，不得拘留或拘禁。再者，任何人無正當理由不得拘禁。如有要求，非將理由出示於本人及辯護人出席的公開法庭不可。

（五）第35條：任何人關於其居住、文書及所持物品有不被侵入、搜索、扣押之權利，係指除第33條之情形外，關於其居住、文書及所持物品，非出示以正當理由為基礎所簽發，且明示搜索場所及扣押物品之令狀不得侵入而言（第1項）。搜索或扣押須依有權限之官憲簽發之各別令狀行之（第2項）。

（六）第36條：絕對禁止公務員為拷問及殘虐之刑罰。

（七）第37條、第38條之內容見第五章。

（八）第39條：任何人關於於行為時為適法之行為，或已宣告無罪之行為不得再在刑事上予以究責；再者，同一犯罪行為不得在刑事上重複究責。

（九）第40條：任何人被拘留或拘禁後受無罪之裁判時，得依法律之規定向國家請求補償。

有了這樣規定的憲法條文為依據，再經學界的推波助瀾，縱然接受證據排除法則已成學界通說，但實務界並非一下就接受此一聯邦證據法則，茲舉最高裁判所之判解可以看出實務界仍有一番爭論。

二、最高裁判所之見解

（一）最高裁昭和36年（1961年）6月7日大法庭之見解

　　此判決被認為最具代表性之下列見解可以看出正反意見如何角力：

　　四名麻藥取締官獲知被告有讓渡麻藥之嫌疑，為緊急逮捕之目的，前往被告之居住處所，適被告外出，麻藥取締官準備待被告回來時加以逮捕，而開始搜索住宅，發覺其內有與麻藥的包裝紙有關的雜誌及隱藏的麻藥而加以扣押，搜索幾乎結束時被告剛好回來，乃加以緊急逮捕，當場製作搜索扣押筆錄，並將搜索扣押的麻藥送往鑑定，作成鑑定書以之提出作為證據，大阪地方裁判所第二十四刑事部昭和30年12月9日採用該一筆錄及鑑定書認被告持有麻藥罪。被告上訴二審，其辯護人主張對被告之搜索扣押違反憲法第35條之規定，應禁止使用該扣押的麻藥及扣押之筆錄作為證據。為大阪高裁第二刑事部昭和31年（1956年）6月19日之判決所採，其理由認為：違反憲法第35條規定扣押之本件麻藥、搜索扣押筆錄若一經適法的證據調查即可作為證據使用的話，憲法之保障將成有名無實[8]。檢察官以該案違反最高裁昭和24年（1949年）12月13日第三小

8　刑裁特報3卷12號，頁631、634。

法庭之判例提起上訴，該案被告主張其匕首係被無權以現行犯逮捕之警察所扣押，主張無證據能力，最高裁認為：縱如所言，但扣押物一經公判庭適法加以調查，並據此認定事實，則原審之處置即無違法，扣押物之扣押程序縱然違法，但東西本身的性質形狀無變異之理，因此關於其形狀等之證據價值不變，裁判所有權依自由心證認定罪證與否[9]，因此本案最高裁多數意見以下列理由依職權將二審的判決撤銷：第一審採用以補強被告自白之扣押筆錄及麻藥鑑定書乃經一審被告及辯護人同意作為證據，並無異議，且經由適法的證據調查程序完成之物，從該審審判筆錄可知。不問該等書面手續違法與否，均有證據能力，一審判決採用此等證物難謂違法。

足見日本最高裁至此時為止仍未接受證據排除法則。但細閱其不採違法證據排除法則之理由有二：

1. 取證手續違法不影響證據能力（正統派法則），此為沿襲舊刑事訴訟法自大審院以來之解釋。
2. 承認聯邦法則，但本件事實審至公判終了由於始終未對上開搜索扣押筆錄及鑑定書提出異議，而不符合聯邦法則證據排除法則之要件。

從橫田、垂水、藤田法官之補足意見可以推測此判決應係採取後者之立場。其中垂水法官認為：若以重大顯著的違法手段取得之證據判決有罪，在條理上理應加以撤銷。但無此程度之違法，僅輕微違法手段取得者即

---

9 最高裁判集刑事篇15號，頁350。

不在此限。橫田裁判所長官認為：憲法第35條保障國民住居、書類及持有物品之安全，除非依逮捕狀逮捕及逮捕現行犯之情形，無正當之令狀不得侵入、搜索、扣押。此不只是國民重要的基本人權，比較舊憲法時代之經驗，新憲法更特別加以保障。可見侵害此人權，違法取得證物，不只以違背程序為由取得物須加處分，即其證物之證據能力亦有必要加以否定。此乃憲法規定之實際要旨。但被告及辯護人同意將此書類作為證據，並經由公判庭合法的調查，並無異議，不得不解為被告放棄憲法第35條的保障，至第二審主張此保障，爭執該等書類之證據能力即不被允許等云。

　　可見至當時為止最高裁並未否定證據排除法則，只是當事人未加以主張而不被保護。此再回溯最高裁昭和24年12月13日第三小法庭之判例亦可知最高裁當時之態度認為：若對扣押物之形狀性質產生影響，則取得之證據即應予以排除。反之，程序縱然違法，仍可加以採證。

（二）最高裁昭和24年（1949年）12月13日第三小法庭之見解

　　最高裁昭和24年12月13日第三小法庭判例謂：「供述筆錄係經由訊問過程所製作之物，訊問過程違法，有影響供述內容之虞，但扣押物之場合，扣押程序縱然違法，東西本身之形狀性質並無任何影響可及之虞。」等語，已可嗅得「取證過程違法如影響及於該證

物本身之性質者應不得為證」之訊息，前後比較起來，較大審院及舊法時代完全肯定證據能力之見解，在範圍上已趨於嚴格。

　　此後關於違法搜索、扣押取得證據是否有證據能力之問題，在學界及實務界即一直爭論不休，茲歸納正反兩派意見如下。

日本最高裁判所

三、學界之見解

（一）正統派之理由

　　取證程序違法，不影響證據之證明力：

1. 蓋對違法者應可經由刑事訴追、懲戒及民事賠償之方式處理即足，剝奪該證據之證據能力，無異對違法行為更進一步以訴訟法加以制裁，與證據法本來的目的有違。
2. 判斷取證程序適法與否，經由審判程序審判違反法之事實不只與近代審判制度有違，且可能會因原不屬於各該事件範圍之事項使審理中斷、遲延，致案件陷入混亂之局面。

（二）正統派立論之法律根據

1. 參考與美國聯邦憲法修正第4條及第5條相當的日本憲法第35條（禁止不正當的搜索扣押）及第38條（不得強制做自己不利的供述），可歸結出否定該等證據能力之結論，正如魏克謨（J. H. Wigmore）教授所指責的：歷史及實際上的錯誤均曾有過。前開維克斯對合眾國事件（Weeks V. U. S., 1914）之以美國聯邦憲法修正第4條否定其證據能力最直接有效。該條與日本憲法第35條相當，類似案件在日本自然可以用日本憲法第35條加以否定。
2. 惟在運用上，由於日本憲法第35條與美國聯邦憲法修正第4條同樣並無對公務員不當搜索扣押取得證據之證據能力應加以否定或肯定之明文，與日本憲法第38條明文規定非任意之自白不能作為證據之規定意旨不同。因此其間之差異不能不知。

3. 再者，日本並無如美國將人民與政府間適用憲法修正第4條、第5條的權利章典，及州與州民間適用憲法第14條的「法的適正程序」的規定。在此情形下，若以維克斯事件引用日本憲法第35條，或以羅琴事件歸結運用日本憲法第31條，對解決具體事件均不可能產生顯著的差異。在美國光是適用憲法修正第4條、第5條、第14條之關係，及州民與州間是否適用就有很多的問題，在日本違反憲法第三章的基本人權相關各個規定，與違反憲法第31條適正程序在很多的場合均有競合的問題，所以突如其來以違反憲法第35條取得之證據直接引用憲法第31條（法的適正程序）否定其證據能力有其難度。因為以否定公務員不當搜索、扣押取得證據之證據能力之根據作為憲法第35條、第38條相關聯加以思考，或以憲法第31條法的適正程序之要求所引出之結論均非正當。問題只有一個，亦即是否引用憲法第35條否定證據之證據能力之問題。就阻止公務員違法行為手段言之，依此方法否定其證據能力乃最直接有效的方法之一，但非僅此為限。只是以現在法律所許之救濟手段，無論是刑事訴追、懲戒、民事求償力量均甚微弱之現狀觀之，剝奪其證據能力應有其立論之空間。此不只是憲法上之問題，也是一種裁判政策上、刑訴法解釋之問題。

　　問題雖然錯綜複雜，但受美國判例之影響，且戰後保障人權之說較舊憲法時期更為強烈，又有與美國聯邦憲法相當之憲法上適用作根據，實務界雖然固守昭和

24年最高裁上開判例之立場，但學界因對美國法制之研究逐漸成熟，由江家（義男）教授介紹普通法的正統派法則（Orthodox rule）及上開Weeks事件所揭櫫的聯邦法則（Federal rule）的比較為始，高橋正己氏對不當搜索扣押物件之證據能力之檢討及對聯邦最高法院新發生的Walf事件的介紹，齋藤朔郎判事、小野清一郎博士、團藤重光、井上正治、平場安治諸氏的肯定或附條件的接受下，美國聯邦最高法院關於違反法律程序取得之證據，不得採為認定事實之證據之判例，最終在日本學界成為通說[10]，但實務界至昭和30年代後半仍採否定說[11]。

　　在肯定說中，小野清一郎主張將此問題分成「證據能力」及「證據的許容性」兩個層次來分析，他說：「證據能力」自實體真實主義而來，屬於實體形成面，在法律上以證據之方式成為法院心證形成的資料；「證據的許容性」則從當事人主義而來，屬於訴追層面之問題，比較證明的重要還是發現真實的重要來決定取捨，如果取證程序重大違法，准許證據調查有違公正裁判目的者，應認無證據之許容性。無證據許容性之證據以當事者未聲明異議為限，可以進行證據調查程序，如經適法的證據調查程序，始可以之作為犯罪之證據[12]，通過

10　仍有反對者如田中和夫：證據法（昭和27年），頁221。
11　井上正仁：刑事訴訟における證據排除（1），頁1213。
12　小野清一郎：新刑訴における證據の理論（二），刑事法雜誌5卷3號（1955年），頁355以下。

當事人之主張始成為法院心證之資料。以之解釋最高裁昭和24年上開判例之立場，即容易被人理解。不過尚需經過當事人主張始決定取否，對保障人權而言，似較不足。惟對大陸法系過渡到英美法系的日本而言，多設一道程序上的條件，實有其不得不然的理論根據！鑑諸後來證據排除法則帶來的諸多批評，特別是只因蒐證違法而不得不縱放證據確鑿之人犯之弊病，此一過濾門閥應該是可以接受的！我國修正後的刑事訴訟法賦予法院在許多地方衡量人權及公共利益之均衡維護做出選擇之際，似亦可經由合法的調查程序給予被告對有爭議的證據以異議之機會，以取得採證之許容性，經由合法的調查程序使不易取得之證據資料有起死回生之機會，增加一些判斷事實之素材，對社會秩序之維護，及發現事件之真相或有助益！

（三）反對派之理由

1. 裁判所對具體案件有發現事實之任務，同時無可諱言亦有保護基本人權、實現法的任務之功能[13]。

2. 日本刑事訴訟法第1條既已規定：「本法關於刑事事件在保障公共福祉和個人之基本人權，於刑事事件中查明事實真相，適正且迅速的適用及實現刑罰法令為

---

13 青木英五郎：證據能力の制限に關する他の問題，法律實務講座刑事篇第9卷證據法（2）（1956年），頁196。

目的。」則在保障基本人權時，可預期依各種場合應有追求事實真相不得不受限制之情形[14]。

3. 公務員更較一般人被期待不會發生胡亂侵害憲法保障基本人權之情形。

4. 正統派所稱的其他救濟手段在日本及美國同樣均屬無力。

5. 為了擁護憲法保障的基本人權及實現公正的法律程序，不得不承認有限制違法搜索、扣押取得證據之證據能力之空間。

四、日本學界要求適用違法證據排除法則之條件

何種情形得適用違法證據排除法則？如團藤教授等所述，須依個案情形而論，已如前述，而何種情形可以否定其證據能力？歸納言之，約如下述：

（一）蒐集程序之違法須出於公務員之職務上行為。

（二）違法蒐集證據限於受害被告有關之案件中，作不利證據使用之情形。不及於對第三人違法搜索扣押取得證據之情形。

（三）被告至遲應於事實審終了以前依刑訴法第309條聲明異議，並不許撤回同意。

---

14 足立進：押收、搜索及び檢証，法律實務講座刑事篇第二卷總則（2）（1956年），頁344。

（四）代替違法蒐集證據之物，或其複寫本或與此相關
　　　之證言均不得為證，但不及於以違法蒐集之證據
　　　為基礎而發現之證據[15]。

五、日本學界已接受證據排除法則

上開排除與否界線不明的情形雖在日本判例上屢
見不鮮，但在日本學界幾已接受證據排除法則，無人否
定。至少蒐證違反憲法或其他重大違法情形存在時，原
則無證據能力已為學說一致之結論[16]。

六、日本實務界運用排除法則之情形

實務上自昭和40年（1965年）以後證據排除法則
已漸次出現在最高及高等以下各級裁判所之案例中，
如：
（一）東京地裁昭和41年（1966年）1月13日裁定：關
　　　於恐嚇事件之搜索扣押許可狀中記載扣押物件之
　　　內容欠缺明示性，因此基於該令狀所作無差別、
　　　任意的扣押物即無證據能力[17]。

---

15 青木英五郎，同註13，頁1970；田中和夫：新版證據法（1961年），頁
　241。反對說，平野龍一：刑事訴訟法，法律學全集（1958年），頁240。
16 井上正仁：刑事訴訟における證據排除（1），頁1238。
17 判例時報441號，頁62註62。

（二）東京高裁昭和47年（1972年）10月13日違反公職選舉法事件，以搜索扣押令狀本身有重大之瑕疵，據此執行結果所扣押之證物即應被排除[18]。

（三）大阪高裁昭和49年（1974年）3月29日恐嚇事件，認定以事件相關之令狀執行搜索扣押，伴隨發現令狀未記載之扣押目的物——記載賭博開張之紀錄便條予以扣押，認定違反令狀主義，而否定該便條之證據能力[19]。

（四）最高裁平成7年（1995年）2月22日判決認為：刑訴法尚未採用刑事免責制度，給予刑事免責而取得供述之囑託證人詰問筆錄不被容許作為事實認定之證據[20]。

（五）大阪高裁昭和56年（1981年）1月23日認為：對竊盜嫌疑犯進行職務詢問之際，並無持有兇器的具體狀況，於告知檢查身體，對方舉起手後，以手插入對方之衣服口袋內取得裝有覺醒劑之信封，為抑制違法搜索之故，認應否定該覺醒劑之證據能力[21]。

18　判例時報703號，頁108註76。

19　高刑集27卷1號，頁84＝判例タイムス312號，頁289。

20　最高裁判例集49卷2號，頁1。惟2016年修正之刑訴法已有「刑事免責制度」之制定，並定於公布2年內施行。因此在新法所定之條件下，經裁判所裁定免責之證人證言，即得採為認定事實之證據。

21　判例時報998號，頁126。

七、認為不影響人權而肯定其證據能力之案例

（一）東京高裁昭和41年（1966年）5月10日依槍砲不法持有嫌疑搜索之結果發現扣押之獵槍，本屬於扣押標的物不明瞭予以扣押之違法，但該獵槍係在合法的搜索過程發現之物，對被告之人權並未特別侵害，且構成持有該獵槍之本身之犯罪，非不能以現行犯逮捕，此一違法並未達埋沒令狀主義精神之程度，最終仍肯定該獵槍之證據能力[22]。

（二）大阪高裁昭和49年（1974年）7月19日判決：在處理交通事故被害汽車內發現槍彈及覺醒劑之報告為依據，取得令狀搜索汽車之際，除上開物件外又發現改造槍枝及覺醒劑之原料之故，將之一起帶回警局，再次聲請扣押許可狀放置在前移動的汽車內，將該等物品扣押之事件，除有前開理由之外，評估交通事故現場緊急回復的必要性，本件蒐集證據之程序雖有瑕疵存在，但其程度尚未達重大，而不採辯護人證據排除之主張[23]。

（三）東京地裁昭和49年（1974年）1月17日判決：被告因酒駕嫌疑被逮捕後，拒絕呼氣檢測而被留

22　高刑集27卷1號，頁84＝判例タイムス312號，頁289註53。
23　判例時報767號，頁112。

置，嗣向看守之警官表示尿意，該警官為檢查其
酒精濃度之目的，向被告表示因陪同的幹部尚未
到來，無法帶其如廁，請其在便器上排尿，而取
得其尿液送檢。該院以其使用詐欺手段之不法方
法，脫免令狀主義之規定而否定該檢查結果之許
容性[24]。

（四）同樣情形，東京高裁昭和49年（1974年）11月
26日判決認為：如非單純以陪同的幹部尚未到來
為藉口，在通常排尿的瞬間，放棄權利的意思下
使其排尿，對照被疑者身體被拘束中無令狀採取
其指紋之情形，其採尿行為不能謂為違法。最高
裁昭和49年12月3日決定亦肯定此說[25]。

（五）最高裁昭和63年（1988年）9月16日決定認為：
警察擬對使用覺醒劑嫌疑之男子為職務詢問之
際，男子拔腿逃跑，為警追及將之押上車同行，
於路上丟下紙包為警目擊，判斷其內為覺醒劑而
將之保管後對男子要求檢查所持物品之際，男子
將上衣脫下丟出，警察判斷其默示同意，而觸碰
其上衣及其他衣著，看到男子左腳襪子鼓起而取
出覺醒劑及注射器，雖然執法方法及順序有不當
之處（本可於其丟包之際以現行犯或緊急逮捕，
再加以搜身），但於此情形難謂違法程度重大而

24 判例時報653號，頁121註58。
25 判例時報766號，頁122。

否定取得之覺醒劑之證據能力[26]。

（六）最高裁平成6年（1994年）9月16日第三小法庭
　　　之裁定認為：警察官對使用覺醒劑之嫌疑犯，為
　　　使其任意同行，取走其汽車鑰匙阻止其駕駛，在
　　　現場留置約六個半小時進行職務質問之舉措，雖
　　　已超越任意搜查所容許之範圍，本屬違法，但該
　　　嫌疑犯反覆又異常之言動，顯示其已覺醒劑中
　　　毒，有必要阻止其駕駛，因此警察行使最小限度
　　　範圍內的警力，在嫌疑犯固執自行駕駛並拒絕同
　　　行之下需要長時間的說服以外，隨後認定強制採
　　　尿手續本身又不違法之下，就其一系列的手續全
　　　體觀之，難謂為重大違法，因此依強制採尿取得
　　　尿液之鑑定書不能否定其證據能力[27]。類似的案
　　　例尚有最高裁平成7年（1995年）5月30日第三
　　　小法庭之裁定可資參照[28]。

（七）最高裁平成8年（1996年）10月29日裁定認為：
　　　依令狀進行搜索之現場警察對被告施以暴行雖屬
　　　違法，但其時點在發現覺醒劑之後，被被告言詞
　　　所激發之故，非為發現證據之目的利用搜索所
　　　為，其扣押之覺醒劑非違法蒐集之證據[29]。

26　最刑集42卷7號，頁1051。
27　最高裁判例集48卷6號，頁420。
28　最高裁判例集49卷5號，頁703。
29　最刑集50卷9號，頁683。

第八章　美國關於證據排除法則的適用爭議

　　美國從1914年維克斯事件以來，雖然保護人權呼聲甚囂塵上，證據排除法則屢見諸各級法院判例，但認其不合理者在學界及實務界亦不乏其人，如證據法大師魏克謨教授即表示：在維克斯事件縱被告承認持有彩券犯行，二人理應法辦，但因警察官違反憲法搜索，而將二人解免，無異我們擁護憲法的方法是對違背者不問責，變成一方面有人侵犯法律，另一方面有人獲得解免之情形[1]！

　　其後獲任命為聯邦最高法院法官的前紐約州最高法院法官班傑明 N. 卡多佐（Benjamin N. Cardozo）在其州最高法院的判決（people v. Defore, 242 N.Y.13, 21, 150. N. E. 585, 587(1926)）中即表示：警察犯錯，犯人豁免（the criminal is to go free because the constable has blundered）之結果，刑事司法即有被各個下級警察官的過度熱心或輕率行動所左右之虞。因此他建議如果要在過度保護社會下，不犧牲個人的保護相對利益間，求一個調整點的話，應該等待本有公共政策決定責任的

1　J. H. Wigmore, A Treatise on the Anglo-American System of Trials at Common Law (2rd ed. 1923) Vol. 4, note 23, §2184, p. 639; note 24, at 484.

國家機關來判定[2]。

　　以此相對的支持論者，如北達科他大學教授阿德金森（Thomas E. Atkinson）認為美國憲法修正第4條和修正第5條在文理及沿革上雖有差異，但兩者應係出於限制政府對個人自由生活的干涉之「相同本能的想法」（the same instinctive idea）下所做的不同表現。以此目的重複立法毋寧是自然的現象，因此他贊成援用修正第5條證據排除法則；並稱假設如此解釋尚有不足，排除法則尚可用較實質的觀點加以充分正當化，換言之，只要修正第4條繼續存在，不合理的搜索、扣押，均須盡一切的手段加以阻止[3]。為達此目的，固可考慮使用刑罰、民事賠償、懲戒等手段，但無論何者，其實效性均令人懷疑，證據排除雖然間接，但還是最實際的矯正手段！對於所謂證據排除會使有罪者逃脫的批判（此乃原本法律自身所應處理之事），對訴追方而言，除此之外別無其他損失[4]。此與維克斯事件中認為證據排除法則對警察機關的違法行為有規範的作用相同，只是阿德教授係首次以較明確的形式說明其有此抑制機能（deterrent function）而受到矚目[5]。

　　但此聯邦證據排除法則僅在聯邦刑事訴訟程序中適用，並不及於州的刑事訴訟程序，因為聯邦憲法第4

2　同上註，pp. 24-25, 150N.E., p. 589。
3　T. E. Atkinson, Admissibility of Evidence Obtained Through Unreasonable Searches and Seizures, 25 Colum. L. Rev. 11, (1925) note 30, at 17-21, 26.
4　同上註，p. 25。
5　井上正仁：刑事訴訟における證據排除（2），頁1455。

條修正案並沒有及於州官員不合理的搜索、扣押中保護個人的內容。縱然如此，至1938年為止所有各州的憲法均有類似聯邦憲法第4條修正案的規定，至於違背後的效果全面或部分採用排除法則則各州不同。但隨著判例的發展及對聯邦憲法第14條修正案的解釋〔該條規定：任何州不依「適正的法律程序」（Due process of law）均不得剝奪任何人的生命、自由或財產〕，聯邦憲法上關於人身保護的條款才對州的刑事事件產生拘束力。

此在沃夫對科羅拉多州事件（Wolf v. Colorado, 338 U.S.25, 1949）〔該案為配屬當地警察官之職員在獲得被告（為一婦產科醫師）正在做墮胎手術情報之際，未經聲請搜索狀就進入被告辦公處扣押診所事務紀錄之事件，科羅拉多州最高法院認可依該證據判決被告共謀墮胎有罪〕，雖然聯邦最高法院在該案並未將排除法則擴張適用於州，但佛蘭福德（Franfurter）法官在其執筆的下列法庭意見中已隱約透露出可透過第14條修正案之規定要求各州之訊息稱：「個人生活之自由乃從排除警察蠻橫干涉始得到安全，此為自由社會之基本需求，更是憲法修正第4條的核心，它隱含在『有秩序的自由』（ordered liberty）概念裡頭之故，經由適正的法律程序之規定，可以對各州強制要求。」[6]

1950年代以後支持排除法則之理論已逐漸取得優

---

6 Wolf v. Colorado, 338 U.S.25 (1949), at 27-28.

勢。至1961年實務上經由前開馬普太太對俄亥俄州案（Mapp V. Ohio, 1961）亦將排除法則適用至各州。克拉克（Clark）法官執筆的法庭意見稱：「維克斯事件所追溯之排除法則非僅單純的證據法則而已，在憲法裡亦有其淵源，此乃修正第4條之本質部分所構成之故，沃夫事件判決之結果已經明白指出修正第4條的個人自由生活之權利經由修正第14條適正的法律程序對州亦有適用，則對州的關係上，與對聯邦政府用證據排除制裁一樣，亦必須實現此權利。」雖然排除法則適用之結果有些場合可能發生犯人免除處罰之情形，但此乃法律自身該處理之問題。就此，國家也必須考慮做遵守法律的模範。「本判決的結論係以理性和真理為基礎所作，對個人而言，憲法不只應給予（法律）保障以上之物，也不只對警察誠實執法下給予（法律）允許以下之物，同時也要對法院賦予真正的司法運作所不可欠的無瑕疵性（imperative of judicial integrity）。」[7]等由，採取證據排除法則。

　　從上開發展過程可知自19世紀初美國聯邦最高法院採用證據排除法則以來，約半世紀以後始逐漸擴及實施於各州，並非一下即被全美各州所採用。在學理上，亦從1.救濟人權被侵害之出發點，經由2.司法的無瑕疵性往3.抑制警察的違法活動之方向發展，時而有三者互相重疊競合的說法，但大體而言，其發展之順序，係由

7　Mapp v. Ohio, 367 U.S.643 (1961), note 78, at 646-660.

第1點至第3點之思考重點在推移，特別至1960年代以後「抑制警察的違法活動」已成為採取此一法制之理論基礎。

縱然排除法則最終已被美國學界及實務界所接受，並影響及於日本，但根據美國學者施培德（James E. Spiotto）的研究，至1970年為止之20年間，聲請證據排除的件數雖然顯著的增加，但成效並不如預期，獲准率甚至從調查庭、審理庭至上級審逐級減少，特別在上級審階段多傾向有利於檢方的認定，聲請排除者的年齡普遍較年輕，且有前科者，聲請成功率也較高；反之初犯者聲請者較少，成功率亦較低[8]。施培德氏因此認為改革還是有其必要，很多可選擇的立法活動已經展開。例如加拿大雖然不採一般的排除法則，但在活用民事賠償制度上獲得驚人的成就，可以顯示替代排除法則的方案是存在的[9]。

在實務界反對意見始終存在，例如聯邦最高法院首席法官柏吉爾（Buger, C. J.）在畢勉斯對不當搜索扣押官員所提民事損害賠償事件（Bivens V. Six Unknown Named Agents）提出的反對意見即稱：「所謂排除法則對抑制違法執行官員，並無實證的根據存在。」「在

8　芝加哥大學James E. Spiotto, An Empirical Study of the Exclusionary Rule: From its Origins to its Alternatives, (1972) note 26, at 57, 77-80; Spiotto, Search and Seizure: An Empirical Study of the Exclusionary Rule and its Alternative, 2J. Legal Studies 243 (1973), note 26, at 248, 255-257.

9　Spiotto, An Empirical Study, note 26, at 128-147, 150; Spiotto, The Search and Seizure Problem-Two Approaches: the Canadian Tort Remedy and the U.S. Exclusionary Rule, 1J. Police Science & Admin. 36 (1973), note 26, at 39-49.

教室裡放虎或放鼠二者均屬錯誤，但對兩者同等處罰，我想任何理性的人也不會有如此想法吧！社會上至少有期待以合理的、階段的條件，來取代將所有取得程序瑕疵之證據加以排除的權利！」簡而言之，排除法則代價太大，所期收穫太少，而且機械的適用即會有失衡平。因此主張應探詢更好的方法以保障修正第4條，如立法規定以設置國家賠償制度來取代，不能單以違反修正第4條作為排除證據之理由[10]；該判決發表之後給予排除批判論者有力的指針！此後批判論即不斷的出現，終於美國法律協會（American Law Institute）在其1971年公布的《模範搜查手續法典》（Arraignment Procedure）第4臨時草案（Tentative Draft No. 4）第8.02條即規定，以違反本法典的規定為由聲請證據排除者，以查其違反確實存在為限可予以認可，但聯邦及州憲法別有規定者不在此限。法院在認定違反與否時須考量下列諸條件：1.被侵害利益的重要性；2.超越合法程序之程度；3.何種程度的違反意圖（willful）；4.侵害個人自由隱私的程度；5.因排除該證據而對違反本法會產生何種程度的防止；6.不違反規定是否可以獲得該證據；7.違反規定搜索對被告之防禦權會產生如何的不利益。

　　此一提案較從前的排除法則更具彈性及符合實際需要，1973年北卡羅來納州州議會並模仿上開第1、2、3、5項條件立法採用排除法則，並於1975年9月1

10　Bivens V. Six Unknown Named Agents 403, U.S.388, 413 (1971).

日施行（N. C. Stat.1973, ch.1286, later N. C. Gen. Stat. §15A-974, Pamphlet No. 6, 1974）。該模範搜查手續法典並於1974年第6草案時擴及於自白及接見通信。

至1975年5月最後定案的模範搜查手續法典，除將第1項排除以外，另規定：法院須在認定無實質違反證據排除法則時，具備理由。如果程度明顯、出於故意、且對被告不利時，通常即視為實質的違反。其餘第2項至第7項則獲得協會保留通過。如此一來可以看出證據排除的範圍甚為狹小[11]。

在聯邦議會方面，1971年10月德克薩斯州聯邦參議員邊德顯（Lloyd M. Bentsen）於第92屆聯邦會議提案將聯邦法典第18篇（刑事法）中「第3505條(a)」新增上開模範搜查手續法典除第1項以外之6項條件，至同年12月並提案修正聯邦法典第28篇（司法制度）導入民事賠償制度於第2692條規定：「(a)政府職員或在其下工作者，或依其指示或委託從事活動者，或受國家全部或一部之俸給者，違反聯邦憲法為違法搜索扣押時，國家對其違法搜索扣押行為負損害賠償責任。(b)依本條之規定於民事訴訟可對國家請求懲罰性之損害賠償（Punitive damages）。依本條規定之民事訴訟所認定之賠償額、和解賠償額或協定賠償額度，包含實際損害額及懲罰性之賠償額在內，不得超過二萬五千美元。」

---

11 井上正仁：刑事訴訟における證據排除（3），頁915。

　　依提案人之說明，並非將憲法修正第4條廢棄，而是希望回歸權衡合理運用該條之空間，以保護被告之權利，不是要剝奪其權利[12]。

　　此一提案可說是綜合美國法律協會及柏吉爾首席法官上開意見的替代補救措施，對排除法則的批判論者等於提供了違反憲法修正第4條的一個配套措施，在當時受到很廣泛的關心，獲得「全國司法長官協會」（National District Attorney's General Association）及「全國地方檢察官協會」（National District Attorney's Association）的支持，但具影響力的美國法曹協會（American Bar Association）內部正反意見勢均力敵，聯邦議會方面雖兩度被提出，最終並沒能獲得通過，不過經如此多方面的批判及指責，也間接成為法院改變態度的誘因，或說不定正好以之作為改變的理由。

　　以上是排除法則適用以來，學者及實務界，甚至立法機關尋求替代方案之各種努力，但掌握排除法則命運的，既非可從理論說服，亦非可從經驗獲得證明，實則被認為應是出於政治的因素[13]。一般而言，排除法則縱無抑制警察違法之機能，至少在無有效的抑制手段取代以前，可對侵害憲法權利的行為經由法院的審查加以保障。

　　至於其適用範圍，從其發展的歷程，可看出有以下

12　117 Cong. Rec. 35184; 119 Cong. Rec. s2553.
13　井上正仁：刑事訴訟における證據排除（3），頁953。

之方向：

1. 以蒐集程序違法之程度為基準之限制；例如顯著的違法，或過度的無視法的規定均須排除。

2. 視事件的重大程度為基準的限制；例如叛逆、殺人、持械強盜等。

3. 證據排除結果對將來無可能發生抑制效果者，至少理論上不適用排除法則；例如違法搜索扣押出於善意者，或依法搜索扣押後才發現法官所發搜索狀之程序有瑕疵等。

第九章　結　論

　　由上開美日兩國適用排除法則之經驗，可以看出經由實定法或憲法的解釋及判例的運用，對於該一攸關自由心證範圍的證據法則仍有選擇的彈性，並非法律規定如此，即須一體適用於各個事件，這正是自由心證主義自產生及發展以來，經由長期的經驗累積下逐漸摸索出的道路，先由毫無限制的開放任由法官心證，經由逐漸的立法設置各種壁壘做周邊範圍的限制（如何種自白可用、何種自白不可用；何種傳聞可用、何種傳聞不可用），再設置各種門檻做高度範圍的限制（如某種法庭適用、某種法庭不適用），再從原則不可用之違法證據中開放上開條件供法官彈性運用，以求兼顧維護人權及公共安全，避免有失人性，以回應社會的需要，及避免重回另一種法定證據主義的流弊[1]。

1　庭山英雄：自由心證主義の抑制について，中京法學2卷2號，頁184。

茲以下列圖示以突顯其軌跡：

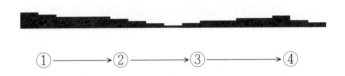

①無限制

②周邊範圍的限制 < 經驗法則及論理法則 < 自白之任意性法則 < 證據之排除法則 < 證據之合法性法則 < 證據能力 < 傳聞法則

③高度範圍的限制 < 法官迴避制度趨於嚴格 < 簡易案件除外 < 認罪協商除外 < 緩起訴案件除外 < 選任辯護人之時機及條件 < 告訴人參與訴訟 < 限制第三審上訴 < 合意及刑事免責制度

④法官就個案考量 < 違法之程度 < 事件重大程度 < 對將來抑制效果 < 人權保障及公共利益之衡量（法益權衡原則） < 比例原則

美日等國違法證據在考量上開情形下，尚容許法官採用作為認定事實之依據，在我國如前所言，自由心證之範圍由原來僅在不違背法官之經驗法則及論理法則之原則下，由法官自由斟酌。由於受英美法的影響，逐漸修法建立須不違背一定的採證程序（排除法則及證據能力法則）下取得證據者始得使用，且此等法則亦隨著美日學界的辯論，及實務界的運作、對治安的影響、社會的反應，經由逐次的修法有日漸趨於嚴格之趨勢。另

為減輕上級法院法官辦案的壓力，政策上設計出所謂金字塔型之訴訟結構，經由授權檢察官及下級審法院過濾輕微案件之程序，逐次減少法院辦理一般案件數量之修法，使法官自由心證行使之空間受到制約，其得行自由心證之案件量逐漸減少。在訴訟程序上，因引入當事人進行主義之相關配套法制，使執法人員因違反規定進行之訴訟或取得之證據喪失其作為證據之效果，以規範執法人員謹慎取證之餘，間接限縮了自由心證行使的空間。其後雖亦從趨嚴的採證法則中逐漸開放其可資運用心證的範圍，然從下列之規定及判例亦可看出受美日兼顧人權及公共安全思潮之影響：

1. 刑事訴訟法第158條之4規定：「除法律另有規定外，實施刑事訴訟程序之公務員因違背法定程序取得之證據，其有無證據能力之認定，應審酌人權保障及公共利益之均衡維護。」

2. 刑事訴訟法第116條之2規定，法院許可停止羈押時，經審酌人權保障及公共利益之均衡維護，認有必要者，得定相當期間，命被告應遵守一定事項（此亦為法院於許可停止羈押裁定命被告遵守一定事項前依自由心證所應審酌之事項）。

3. 以上所謂「人權保障及公共利益之均衡維護」雖然籠統，但人權及公益孰輕孰重？自許法官依其經驗及識見因案情自由判斷。我國實務上已有參酌外國之經驗訂出具體參考標準之案例。如後所述。

4. 原最高法院93年台上字第664號判例：「按刑事訴

訟，係以確定國家具體之刑罰權為目的，為保全證據並確保刑罰之執行，於訴訟程序之進行，固有許實施強制處分之必要，惟強制處分之搜索、扣押，足以侵害個人之隱私權及財產權，若為達訴追之目的而漫無限制，許其不擇手段為之，於人權之保障，自有未周，故基於維持正當法律程序、司法純潔性及抑止違法偵查之原則，實施刑事訴訟程序之公務員不得任意違背法定程序實施搜索、扣押；至於違法搜索、扣押所取得之證據，若不分情節，一概以程序違法為由，否定其證據能力，從究明事實真相之角度而言，難謂適當，且若僅因程序上之瑕疵，致使許多與事實相符之證據，無例外地被排除而不用，例如案情重大，然違背法定程序之情節輕微，若遽捨棄該證據不用，被告可能逍遙法外，此與國民感情相悖，難為社會所接受，自有害於審判之公平正義，因此，對於違法搜索所取得之證據，為兼顧程序正義及發現實體真實，應由法院於個案審理中，就個人基本人權之保障及社會安全之維護，依比例原則及法益權衡原則，予以客觀之判斷，亦即宜就（一）違背法定程序之程度。（二）違背法定程序時之主觀意圖（即實施搜索、扣押之公務員是否明知違法並故意為之）。（三）違背法定程序時之狀況（即程序之違反是否有緊急或不得已之情形）。（四）侵害犯罪嫌疑人或被告權益之種類及輕重。（五）犯罪所生之危險或實害。（六）禁止使用證據對於預防將來違法取得證據之效果。

（七）偵審人員如依法定程序，有無發現該證據之必然性。（八）證據取得之違法對被告訴訟上防禦不利益之程度等情狀予以審酌，以決定應否賦予證據能力。」

5.上開判例所提示的權衡原則，與美日對運用違法證據排除法則時所要求考量的原則幾乎雷同。足以證明我國司法實務上亦贊同因案彈性運用排除法則，而非遇有違法取證即一律排除。換言之，法官在面對違法取得證據作為被告有罪與否之認定時，除法律明定無證據能力或須補強證據者外，其自由心證之範圍必須在上開原則上加以限縮，與當今外國之法律思潮一致！

　　不過在條文上明文規定「實施刑事訴訟程序之公務員因違背法定程序取得之證據，其有無證據能力之認定，應審酌人權保障及公共利益之均衡維護。」顯然在證據能力有無的認定階段即授權法官得「審酌人權保障及公共利益之均衡維護」下行使自由心證，似乎在逐漸緊縮的自由心證主義發展史上，另樹一道認定事實須權衡人權及公益的門檻予法官運用，不能不說是自由心證發展史上的一股逆流！

　　按我國刑事訴訟法第154條第2項規定：「犯罪事實應依證據認定之，無證據不得認定犯罪事實。」此為證據裁判主義之基本原則，第155條規定：「證據之證明力，由法院本於確信自由判斷。但不得違背經驗法則及論理法則（第1項）。無證據能力、未經合法調查之證據，不得作為判斷之依據（第2項）。」證據裁判

主義及自由心證主義之兩大採證原則，其中認定犯罪事實之證據，雖未於第154條第2項內規定其內容，惟從次條第2項明文規定「無證據能力、未經合法調查之證據，不得作為判斷之依據。」可知**認定犯罪事實之證據**須有證據能力且經合法之調查始可，所謂證據能力乃指具有可供嚴格證明能力之證據資料，或稱證據資格或證據之適格，亦即得利用作為證據之資格，許法院加以調查，並作為認定事實之基礎，與證據之證明力係指該證據於證明某種事實，具有何等價值有別，故證據能力可依法律加以形式的限制，不許法院自由判斷，而證據之證明力則許法院依其自由心證為判斷。惟判斷證據證明力之有無或強弱，須以該證據具有證據能力為前提，如無證據能力即無證據資格，自不發生有無證明力之問題，上開所稱之「嚴格之證明」與日本刑事訴訟法第317條之「事實應依證據認定之」之所謂「事實」範圍雖有不同，惟其採證據裁判主義則無二致，只是我國法在犯罪事實以外之其他事實，例如程序法上之事實，以其與犯罪事實之存否及刑罰權之行使無直接之影響，如刑事訴訟法第307條、第372條不經言詞辯論而為判決之案件，許以自由之證明為已足，乃訴訟上的權宜措施，與證據裁判主義之精神無違。

至於證據如何具備證據能力，英美法採當事人處分權主義，認證據之蒐集及調查乃當事人之責任，蒐集證據之手段如果違法是否容許作為裁判之依據，則依前述違法證據排除法則之理論辦理，另為保障當事人之訴

訟上之權益，另循歷來判例（如英國）或另立訴訟規則
規定（如美國聯邦證據規則）一定之程序給予當事人辯
論之機會，通過這些適正的程序始能作為審判人員判斷
事實之依據。而大陸法系因採職權進行主義，認證據之
蒐集與調查本屬法院之職權，在訴訟程序上就證據資料
之蒐集與調查程序設其條件，違反程序規定取得之證據
是否禁止作為證據，大陸法系本有自己一套的「證據禁
止」理論，一如前述日本學界之見解歧異一般，大體而
言，如其程序之違背與人權保障並無直接關係，則認其
證據能力無影響，反之與人權保障或與真實發現有直接
關聯者，因與證據能力有影響，則以法律明文禁止之。
例如：我國刑事訴訟法第159條第1項規定：「被告以
外之人於審判外之言詞或書面陳述，除法律有規定者
外，不得作為證據。」茲不問現行法律之除外規定是否
得當（如第159條之1規定，被告以外之人於審判外向
法官所為之陳述，在未經反對詰問下即允許作為證據，
引起學界許多批評），惟自英美法的傳聞法則、排除法
則、適正程序之理論、實定法及判例傳入日本以後，兩
體系關於採用證據之原則業已匯流，原來美國憲法上的
適正程序的法理，及英美法在陪審員前進行交互詰問及
自有的證據法則進入日本後，形成對職權主義、自由心
證主義的一道限制，呼應了大陸法系國家對自由心證主
義改革的要求，我國正逢國內對司法改革的殷切期盼，
而在此時搭上改革的潮流，經由連續多年的不斷修法而
有今日的面貌，使得法官在判斷事實的心證軌跡上，亦

逐漸採取美日多年以來實務上運作之經驗，上開最高法院93年台上字第664號判例所述如何衡量公益與人權之標準，與美日實務運作之結果相符可見一斑！

　　惟參諸學界對引進外國法後之許多批評，或有於參考外國法法例修法之際，先就其歷史淵源及法律體系的差異進行研究及充分討論後謹慎行事之必要，庶免為求兼容並蓄，反生內部矛盾，或者治絲益棻讓原本單純存乎一心的採證原則，因為種種防弊的措施，變成極度專業及繁複的操作方法（例如日本新實施的合意取證制度，與我國的認罪協商制度類似，但程序及條件極為複雜，詳附件三第三十七項、第三十八項所載），反而與簡化程序及明確採證原則之趨勢相違背！對於有心引進陪審或參審之庶民化訴訟制度國家並不有利！

第十章　自由心證法制之未來趨勢

　　自由心證主義既然因法定證據主義有其弊病而發生，經過一世紀以來各國實施的經驗，其心證的範圍，容有多少修正，然其出於信賴法官良心的判斷，則無二致，展望未來趨勢，自由心證主義在司法理論及實務界，隨著大陸法及英美法之交互影響，勢必在人權保障及公共利益均衡維護下，經由時代的發展及科技的進步逐漸取得平衡，從上開毫無限制到排除法則的出現，再到排除法則之逐漸限縮運用，其間經歷多少嘗試及失敗，經由多少正反各派之論爭才有上開結論之出現，值得珍惜。

　　然而時代進步快速，昔日排除法則等限制之所以出現，雖肇因於英美追求人權保障之歷史洪流，然人權之需要保障，不能不歸因於人們對於漫無標準的裁判者自由心證主義，及對司法官員個人因素的不信賴所引起，因此只要有經由第三人判斷事實的需要存在，均難免於該判斷事實之人根據客觀之事實及其獲得的事證，秉其良知良能加以判斷，因此自由心證主義應難被取代，只是其可運用的空間將隨科技的進步及法制的完善而逐漸受到限制！上開排除法則、傳聞法則、適正法則等的逐

一出現，或多或少與人們在尋求限制自由心證主義下所發展出來的規則有關，然而多年的經驗告訴我們：規矩愈多，愈綁手綁腳，手續愈繁雜的結果不只訴訟程序相對出現延宕，更不利於正義的實現，正所謂「遲來的正義非正義」之從事司法改革者不可或忘的法諺，且使法庭趨於專業化，與庶民要求陪審或參審之平民化趨勢背道而馳，均非優良的法制。因此與其一心規劃種種制度以求合於程序正義，實無如先從追求在不依賴個人心證，即能辨別事實真相的方式下功夫，實為我等今後需要努力的目標，亦是上開兩大法系交互影響下取得的經驗！倘若AI人工智慧能做到依客觀事實判斷真相及簡化程序適用法律，並且經由統計即能獲得相同行為社會多數人公認較為公平的懲罰標準，符合所謂的比例原則，而無倚重倚輕的弊病，則委由人工智慧先行過濾應無不可！而所謂人權保障及公共利益孰輕孰重？亦可經由大數據累積的經驗做出較為客觀的判斷，例如：經由統計分析將歷來發生之案例中各種犯罪行為予以類型化，相同程度之行為科處何種程度之刑罰，列表提供承審法官於辦理類似案件時作為量刑之參考，避免類似程度之犯行，科處極大差異之刑罰，此在實務上已在嘗試，並獲得民間普遍之肯定，循此模式，由司法機關擴大利用其已有之資訊系統，請電腦軟體程式設計人員從過去發生之諸多案例中，或從實定法及判例、學者之意見就證據之性質、取得、調查方法、各級法院排除證據之態樣及理由，配合訴訟法規定之程序，及實體法各種

行為之構成要件，整理出法院採取證據之普遍標準（類似台北律師公會參考美國法曹協會之方式，請律師同道整理出各種案件應行注意事項檢查表），在諸多複雜的程序中，規劃出合於各該法律規定及判例、法則之通行碼予以電腦化，通過電腦運算，獨留需要法官心證權衡之問題，由法官根據其知識及經驗做最後之選擇或判斷！

此不只能提供檢警蒐證時以之為鑑，亦可為其他法官、檢察官、律師辦案之參考，對案件進行之速度，及裁判品質之提升均有助益，避免自然人因感情或個人認知差異等因素造成之差別判斷，形成不公，或背離社會普遍認知的公義，致失維護社會秩序、保障人權之根本目的！陪審也好，參審或法官獨任也罷，雖因成本問題或文化背景不同而於各國有不同的成效，惟均難免於人的因素被人詬病！且需要經由一段長時間的教育與實驗，並與百姓的文化素養、法治觀念的提升相互結合始能克竟其功（日本雖於6年前再度實施陪審法，然早期失敗的經驗可為殷鑑，我國以前軍事審判亦曾採取軍官參審之制，因流於形式而隨軍法改制走入歷史），此時與其在此爭辯採用何制，不如先就已有的進步科技研發並充實軟硬體設備，以科學所能取代者儘依科學，科學無法取代者始依裁判者心證，儘量減少人為因素認定事實的分量。在全球化及科技日益進步之今日，身繫判斷是非、認定事實之執法人員除培養客觀公正之高道德情操以外，當逐漸朝如何善用科技適用法律，及從別人的

辦案經驗學習取證及判斷事實之知識，及如何審酌個別案情加以運用等方向累積成自己之經驗，以便在辦理案件時能針對各個狀況發揮個人調和科技及人情事理之智慧，正確判斷事實，適用法律，此或為將來職業法官或陪審員、參審員自由心證範圍所僅存的空間！也是我國訴訟實務針對民間對司法改革的期待，參考美日對自由心證空間限縮的法制，經過多年陸續修正大幅變革後，將來可以再進一步努力的地方！

　　不過無論如何，從近年來我國刑事訴訟法的密集修法，使自由心證主義逐漸顯示有跡可循的輪廓，跟上追求真實發現的同時能兼顧人權保障的世界潮流，且經由改良式當事人主義的法庭活動，將調查證據的過程顯示於台前，讓人民從其過程瞭解法院認定事實的依據及原因，雖有部分程序尚待施行一段時間後再做調整，此乃各國持續修正訴訟制度使其合理化所必經的歷程，惟當局追求與時俱進之精神值得肯定！至於法律所規範者，既在要求執法者取證之正當程序，則對於違反之者，自應採取一定程度之必要措施，使生違法之效果，也使司法者有得排除其適用之依據，避免爭議。言有信，行必果，法律才有公信力可言，也才能達到法治之目的，這也是美日學者及實務界多年來運用自由心證主義之心得，值得參考！

第十一章　後　記

　　本文原出於通俗化的想法，以「自由心證主義之過去與未來」為題，惟付梓之際，承五南圖書出版股份有限公司副總編輯劉靜芬女士之建議，以其內容偏重學術性，為使讀者免誤以為一般記述文學的第一印象，及兼顧內容對於此一法律學說之歷史考察與評論，因此改以「自由心證法制新趨勢——從自由心證主義之發展軌跡談起」為題，並新增一些插畫，希望引起讀者對此話題的興趣，共同對百年來影響大陸法及海洋法制深遠之自由心證主義作深入之研究，以建構更完整之自由心證主義發展史，從中取得各國實施的經驗，作為改進自我國內法制的參考，使各國法制因為互相影響更趨於合理化、人性化、科學化，則以之發行才有意義等云！個人覺得五南公司數十年來出版法學著作無數，於我國司法制度之改進貢獻卓著，願意將此一冷僻之體裁不計成本斥資出版誠屬不易，爰於文末記述其經過，以誌感謝之意！

附件一
中華民國92年（2003年）刑事訴訟法與自由心證主義相關之修正條文及其理由

一、**第154條第1項**：明文將世界人權宣言第11條第1項規定：「凡受刑事控告者，在未經獲得辯護上所需的一切保證的公開審判而依法證實有罪以前，有權被視為無罪。」之**無罪推定原則引入**，以導正社會上仍存有之預斷有罪舊念，並就刑事訴訟法保障被告人權提供其基礎，加重當事人進行主義之色彩，以強化檢察官之舉證責任，證明被告有罪，俾推翻無罪之推定。另為使一般大眾對自由心證有較明確的認識，**乃參考德國刑事訴訟法第261條之規定，及最高法院53年台上字第2067號及44年台上字第702號判例之見解，**修正第155條第1項於「證據之證明力，由法院本於確信自由判斷。」之下增加但書規定：「但不得違背經驗法則及論理法則。」以界定自由心證之範圍，提示法官判斷證據證明力須在不違背經驗法則、論理法則之前提下，本於確信始有自由判斷可言。

二、**增加對被告自白採取之限制**：於「非出於強暴、

脅迫、利誘、詐欺、違法羈押或其他不正之方法，且與事實相符者，得為證據。」之外增加「疲勞訊問」一項。

三、另於第2項「被告之自白，不得作為有罪判決之唯一證據，仍應調查其他必要之證據，以察其是否與事實相符。」以外，增加「共犯之自白」亦在限制之列。

四、另參照過去實務上之判例（最高法院23年上字第868號判例）予以明文化，增列第3項規定：「被告陳述其自白係出於不正之方法者，應先於其他事證而為調查。」由於被告對自白非任意性舉證有其困難，**乃參考英美法例與日本法例認檢察官應就自白之證據能力，負舉證責任之例**，於第3項規定：「該自白如係經檢察官提出者，法院應命檢察官就自白之出於自由意志，指出證明之方法。」如：檢察官得提出訊問被告之錄音帶或錄影帶或其他人證，以證明被告之自白係出於自由意志等。以減低自白偏重之弊病，讓被告不因非自由的自白而影響真實之發現！俾配合時代趨勢及國情需要。

五、就採證範圍言之，增加採取自白的法定要件及程序配套，亦有限縮自由心證職權之作用！

六、**另增訂第158條之1規定**：對刑事訴訟法規定第157條、第158條毋庸舉證之事實，法院應予當事人就其事實有陳述意見之機會，使當事人之意見能獲得法院於心證時之參考，以杜爭議。

七、增訂第158條之2對於違背第93條之1第2項、第100
條之3第1項法定障礙之事由不得偵訊，其因而取
得被告或犯罪嫌疑人之自白及其他不利之陳述，不
得作為證據之限制。使違背規定產生法律效果，促
使執法者遵循，俾貫徹憲法保障人權之旨。**另參考
美國聯邦最高法院在U.S. v. Leon一案中所創設之
「善意例外」（Good Faith Exception）原則**，於
第1項設但書允許採為證據之例外規定：「但經證
明其違背非出於惡意，且該自白或陳述係出於自由
意志者，不在此限。」以兼顧公共利益之維護及真
實之發見。

八、另為使證人、鑑定人依法具結，符合法定程序之
要件，以擔保證言係據實陳述或鑑定意見為公正誠
實。參考最高法院34年上字第824號、30年上字第
506號、46年台上字第1126號、69年台上字第2710
號判例意旨，增訂第158條之3：「證人、鑑定人
依法應具結而未具結者，其證言或鑑定意見，不得
作為證據。」間接限制自由心證行使之範圍。

九、由於刑事訴訟重在發見實體真實，使刑法得以正確
適用，形成公正之裁判，是以認定事實、蒐集證據
即成為刑事裁判最基本課題之一。依此時證據法則
之發展，係朝基本人權保障與社會安全保障兩個理
念相調和之方向進行，期能保障個人基本人權，又
能兼顧真實之發見，而達社會安全之維護。因此，
探討違背法定程序取得之證據，是否具有證據能

力，自亦不能悖離此一方向。另供述證據與非供述證據之性質不同，一般認為供述證據之採取過程如果違法，即係侵害了個人自由意思，故而應嚴格禁止，而蒐集非供述證據之過程如果違背法定程序，則因證物之型態並未改變，尚不生不可信之問題。本次刑事訴訟法之修正，已就違背法定障礙事由及禁止夜間訊問與告知義務等規定暨違法未經具結所取得供述證據之證據能力（第158條之2、第158條之3條）有所規範。另關於證據強制排除亦有第100條之1第2項（筆錄與錄音不符除急迫情形外不得為證）、組織犯罪防制條例第12條（訊問證人之筆錄以踐行刑事訴訟之規定程序為限始得採為證據）可資適用，為求周延，並兼顧人權保障及公共利益之維護，使其他違背法定程序所取得之證據，有無證據能力之認定，有一衡平之規定，避免因為排除法則之普遍適用，致使許多與事實相符之證據，無例外的被排除。乃於第158條之4增訂「除法律另有規定外，實施刑事訴訟程序之公務員因違背法定程序取得之證據，其有無證據能力之認定，應審酌人權保障及公共利益之均衡維護。」如：（一）違背法定程序之情節；（二）違背法定程序時之主觀意圖；（三）侵害犯罪嫌疑人或被告權益之種類及輕重；（四）犯罪所生之危險或實害；（五）禁止使用證據對於預防將來違法取得證據之效果；（六）偵審人員如依法定程序有無發現該證

據之必然性；（七）證據取得之違法對被告訴訟上
防禦不利益之程度等各種情形，以為認定證據能力
有無之標準，俾能兼顧理論與實際，而應需要。

十、鑑於實務上共同被告（指於一個訴訟關係中，同為
被告之人）、共犯、被害人等，非必即屬訴訟法上
之「證人」，其等審判外之陳述，性質上亦屬傳聞
證據，得否作為證據，不免引起爭議；另對於被告
審判外之陳述，應無保護其反對詰問權之問題，**乃
參考日本刑事訴訟法第320條第1項之規定**，修正
第159條第1項，即除法律有規定者外，「被告以
外之人」審判外之「言詞或書面」陳述，原則上均
不得作為證據，而將共同被告、共犯、被害人等審
判外之陳述，同列入傳聞法則之規範，不以證人審
判外之陳述為限，將原來「證人於審判外之陳述，
除法律有規定者外，不得作為證據。」之規定修正
為：「被告以外之人於審判外之言詞或書面陳述，
除法律有規定者（如本法159條之1至第159條之5
及第206條、性侵害犯罪防治法第15條第2項、兒
童及少年性交易防制條例第10條第2項、家庭暴力
防治法第28條第2項、組織犯罪防制條例第12條及
檢肅流氓條例中有關秘密證人筆錄等多種刑事訴訟
特別規定之情形）外，不得作為證據。」以求實體
真實之發見並保障人權。

十一、**並增訂第2項**：「前項規定，於第一百六十一條
第二項之情形及法院以簡式審判程序或簡易判決

處刑者，不適用之。其關於羈押、搜索、鑑定留
置、許可、證據保全及其他依法所為強制處分之
審查，亦同。」以使簡易程序及強制處分程序易
於運作。

十二、鑑於被告以外之人於法官面前所為之陳述，因其
陳述係在法官面前為之，故不問係其他刑事案件
之準備程序、審判期日或民事事件或其他訴訟程
序之陳述，均係在任意陳述之信用性已受確定保
障之情況下所為，因此增訂第159條之1第1項：
「被告以外之人於審判外向法官所為之陳述，得
為證據。」又因檢察官代表國家偵查犯罪、實施
公訴，依法其有訊問被告、證人及鑑定人之權，
證人、鑑定人且須具結，而實務運作時，偵查中
檢察官向被告以外之人所取得之陳述，原則上
均能遵守法律規定，不致違法取供，其可信性極
高，為兼顧理論與實務，爰於第2項明定：「被
告以外之人於偵查中向檢察官所為之陳述，除顯
有不可信之情況者外，得為證據。」

十三、被告以外之人於偵審所為陳述不符者，何者可
信？前法並無明文，**爰參考日本刑事訴訟法第
321條第1項第2款、第3款之立法例**，於第159條
之2增訂「被告以外之人於檢察事務官、司法警
察官或司法警察調查中所為之陳述，與審判中不
符時，其先前之陳述具有較可信之特別情況，且
為證明犯罪事實存否所必要者，得為證據。」換

言之：須前述可信性及必要性兩種要件兼備之被
告以外之人於檢察事務官、司法警察（官）調查
中所為陳述，始得採為證據。

十四、被告以外之人於檢察事務官、司法警察（官）
調查中之陳述（含言詞陳述及書面陳述），性質
上屬傳聞證據，且一般而言，其等多未作具結，
所為之供述，得否引為證據，素有爭議。惟依本
法第228條第2項、法院組織法第66條之3第1項
第2款之規定，檢察事務官有調查犯罪及蒐集證
據與詢問告訴人、告發人、被告、證人或鑑定人
之權限；第229條至第231條之1亦規定司法警察
官、司法警察具有調查犯罪嫌疑人犯罪情形及蒐
集證據等職權，若其等所作之筆錄毫無例外地全
無證據能力，當非所宜。再者，如被告以外之人
於檢察事務官、司法警察（官）調查中之陳述，
係在可信之特別情況下所為，且為證明犯罪事實
之存否所必要，而於審判程序中，發生事實上無
從為直接審理之原因時，仍不承認該陳述之證據
適格，即有違背實體真實發見之訴訟目的。為補
救採納傳聞法則，實務上所可能發生蒐證困難之
問題，**乃參考日本刑事訴訟法第321條第1項第3
款之立法例**，增訂第159條之3，於下述各款情
形下，承認該等審判外之陳述，得採為證據：
（一）死亡者；（二）身心障礙致記憶喪失或無
法陳述者；（三）滯留國外或所在不明而無法傳

喚或傳喚不到者；（四）到庭後無正當理由拒絕陳述者。

十五、為使自由心證採證之範圍有規則可循，避免漫無限制導致無統一的標準，增訂第159條之4規定：「除前三條之情形外，下列文書亦得為證據：一、除顯有不可信之情況外，公務員職務上製作之紀錄文書、證明文書。二、除顯有不可信之情況外，從事業務之人於業務上或通常業務過程所須製作之紀錄文書、證明文書。三、除前二款之情形外，其他於可信之特別情況下所製作之文書。」蓋：

（一）公務員職務上製作之紀錄文書、證明文書如被提出於法院，用以證明文書所載事項真實者，雖性質上不失為傳聞證據之一種，但因該等文書係公務員依其職權所為，與其責任、信譽攸關，若有錯誤、虛偽，公務員可能因此負擔刑事及行政責任，其正確性高，且該等文書經常處於可受公開檢查（Public Inspection）之狀態，設有錯誤，甚易發現而予及時糾正，是以，除顯有不可信之情況外，其真實之保障極高。**爰參考日本刑事訴訟法第323條第1款、美國聯邦證據規則第803條第8款、第10款及美國統一公文書證據法第2條，增訂本條第1款之規定。**

（二）另從事業務之人在業務上或通常業務過程所製作之紀錄文書、證明文書，因係於通常業務過程不

間斷、有規律而準確之記載，通常有會計人員或
記帳人員等校對其正確性，大部分紀錄係完成於
業務終了前後，無預見日後可能會被提供作為證
據之偽造動機，其虛偽之可能性小，何況如讓製
作者以口頭方式於法庭上再重現過去之事實或數
據亦有困難，因此其亦具有一定程度之不可代替
性，除非該等紀錄文書或證明文書有顯然不可信
之情況，否則有承認其為證據之必要。**乃參考日
本刑事訴訟法第323條第2款、美國聯邦證據規
則第803條第6款，增訂本條第2款。**

（三）另除前二款之情形外，與公務員職務上製作之
文書及業務文件具有同等程度可信性之文書，例
如官方公報、統計表、體育紀錄、學術論文、家
譜等，基於前開相同之理由，亦應准其有證據能
力，**乃參考日本刑事訴訟法第323條第3款之規
定，增訂本條第3款。**

十六、**增訂第159條之5：**「被告以外之人於審判外之
陳述，雖不符前四條之規定，而經當事人於審判
程序同意作為證據，法院審酌該言詞陳述或書面
陳述作成時之情況，認為適當者，亦得為證據。
當事人、代理人或辯護人於法院調查證據時，知
有第一百五十九條第一項不得為證據之情形，而
未於言詞辯論終結前聲明異議者，視為有前項之
同意。」
理由如下：英美法創設傳聞法則的重要理論依

據，在於傳聞證據未經當事人之反對詰問予以核實，乃予排斥。惟若當事人已放棄對原供述人之反對詰問權，乃許當事人對傳聞證據有其處分權，以加重當事人進行主義之色彩。於審判程序表明同意該等傳聞證據可作為證據，基於證據資料愈豐富，愈有助於真實發見之理念，此時，法院自可承認該傳聞證據之證據能力。然而吾國尚非採澈底之當事人進行主義，故而法院如認該傳聞證據欠缺適當性時（例如證明力明顯過低或該證據係違法取得），仍可予以斟酌而不採為證據，**爰參考日本刑事訴訟法第326條第1項之規定增設本條。**

十七、**修正第160條：「證人之個人意見或推測之詞，除以實際經驗為基礎者外，不得作為證據。」**

理由如下：證人之個人意見或推測之詞，前法規定，不得作為證據。但**鑑於美國聯邦證據規則第七章對於意見及專家證言著有規定，其中第701條係針對普通證人之意見證言（Opinion Testimony By Lay Witnesses）為規定，認證人非以專家身分作證時，其意見或推論形式之證言，以該項意見或推論係合理的基於證人之認知，並有助於其證言之清楚了解或爭執事實之決定者為限，得為證據。日本刑事訴訟法第156條第1項亦許可證人供述根據實際經驗過之事實所推測出來之事項，無妨其作為證據之能力。為解決證人**

作證時，事實與意見不易區分所可能造成必要證言採證之困擾，爰參考前開立法例，將證人之個人意見或推測之詞，係以實際經驗為基礎者，修正為可採為證據，以擴大證據容許性之範圍。

十八、**增訂第161條之1**：「被告得就被訴事實指出有利之證明方法。」

　　理由如下：現行法於證據通則內，並未規定被告得就被訴事實主動指出有利之證明方法，雖於第96條規定訊問被告時，就其陳述有利之事實者，應命其指出證明之方法，但此規定對被告而言，僅處於被動地位，尚嫌保護欠週，為配合第161條之修正，及貫徹當事人對等原則，宜於證據通則內增訂本條，賦予被告得就其被訴事實，主動向法院指出有利證明方法之權利，以維護被告之訴訟權益。

十九、**增訂第161條之2**：「當事人、代理人、辯護人或輔佐人應就調查證據之範圍、次序及方法提出意見。法院應依前項所提意見而為裁定；必要時，得因當事人、代理人、辯護人或輔佐人之聲請變更之。」

　　理由如下：當事人進行主義之訴訟程序，其進行係以當事人之主張、舉證為中心，法院基於當事人之主張及舉證進行調查、裁判。我國刑事訴訟制度修正後加重當事人進行主義色彩，對於當事人聲請調查證據之權利，自應予以更多保障，

且為切實把握當事人進行主義之精神，關於證據調查之取捨，不能完全取決於法院，當事人之意見應予尊重。從而，當事人、代理人、辯護人或輔佐人自應提出該項聲明，由法院裁定其調查證據之範圍、次序及方法，並得於訴訟程序進行中依案情之發展，於必要時，隨時因當事人、代理人、辯護人或輔佐人之聲請，變更前所決定調查證據之範圍、次序及方法。**爰參考日本刑事訴訟法第297條之立法例，增訂本條之規定。**

二十、**增訂第161條之3**：「法院對於得為證據之被告自白，除有特別規定外，非於有關犯罪事實之其他證據調查完畢後，不得調查。」

　　理由如下：

（一）被告對於犯罪事實之自白，僅屬刑事審判所憑證據之一種，為防止法官過分依賴該項自白而形成預斷，因此，對於得為證據之自白，其調查之次序應予限制，**爰參考日本刑事訴訟法第301條之立法例，增訂本條。**

（二）本條所稱「除有特別規定外」，例如本法第449條、第451條之1所定之簡易判決處刑程序或修正條文第273條之1、第273條之2所定之簡式審判程序，即容許法院先就得為證據之被告自白為調查，其為本條之特別規定，應優先適用之。

二十一、**增訂第163條之2**：「當事人、代理人、辯護人或輔佐人聲請調查之證據，法院認為不必要

者，得以裁定駁回之。下列情形，應認為不必
要：一、不能調查者。二、與待證事實無重要關
係者。三、待證事實已臻明瞭無再調查之必要
者。四、同一證據再行聲請者。」

　　理由如下：原條文僅規定當事人、辯護人之聲
請，法院認為不必要者，得以裁定駁回之，未言
及代理人及輔佐人部分，尚嫌未周，爰予修正增
列。當事人、代理人、辯護人或輔佐人聲請調查
之證據，有無調查之必要，雖屬法院自由裁量權
行使之範疇，惟何種情形始認為不必要，法無明
文，為免爭議，**爰參考德國刑事訴訟法第244條
第3項、第245條第2項之立法例及吾國過去實務
之見解**，如最高法院29年上字第2703號、26年
滬上字第1號、28年上字第3070號判例，增訂第
2項，以資適用。

二十二、**修訂第164條**：「審判長應將證物提示當事
人、代理人、辯護人或輔佐人，使其辨認。前項
證物如係文書而被告不解其意義者，應告以要
旨。」

　　理由如下：

（一）**參考日本刑事訴訟法第306條之立法例，將原本
條前段文字「證物應示被告令其辨認」，修正為
「審判長應將證物提示當事人、代理人、辯護人
或輔佐人，使其辨認」，並作為第1項。**

（二）證物如係文書，而被告不解其意義者，審判長仍

應告以要旨，爰於第2項規定之。

二十三、**修訂第165條**：「卷宗內之筆錄及其他文書可為證據者，審判長應向當事人、代理人、辯護人或輔佐人宣讀或告以要旨。前項文書，有關風化、公安或有毀損他人名譽之虞者，應交當事人、代理人、辯護人或輔佐人閱覽，不得宣讀；如被告不解其意義者，應告以要旨。」

理由如下：明定「審判長」為書證調查之主體，並使當事人（不限被告）、代理人、辯護人或輔佐人均能於調查證據程序進行時知悉書證之內容。惟有關風化公安或有毀損他人名義者，為維護當事人權益以交其閱覽之方式代替宣讀。

二十四、**增訂第165條之1**：「前條（第165條）之規定，於文書外之證物有與文書相同之效用者，準用之。錄音、錄影、電磁紀錄或其他相類之證物可為證據者，審判長應以適當之設備，顯示聲音、影像、符號或資料，使當事人、代理人、辯護人或輔佐人辨認或告以要旨。」

理由如下：隨著現代科學技術之進步與發展，不同於一般物證和書證之新型態證據，例如科技視聽及電腦資料已應運而生，我國刑事訴訟法原規定之證據種類中，並未包含此類科技視聽及電腦資料在內，爰參考我國刑法第220條及民事訴訟法第363條第1項之規定，暨**日本刑事訴訟法第306條第2項之立法例**，增訂準文書得為證據方

法及其開示、調查之方法，以概括地規範將來可
能新生的各種新型態證據。

二十五、**修訂第166條**：「當事人、代理人、辯護人及
輔佐人聲請傳喚之證人、鑑定人，於審判長為人
別訊問後，由當事人、代理人或辯護人直接詰問
之。被告如無辯護人，而不欲行詰問時，審判長
仍應予詢問證人、鑑定人之適當機會。前項證人
或鑑定人之詰問，依下列次序：一、先由聲請傳
喚之當事人、代理人或辯護人為主詰問。二、次
由他造之當事人、代理人或辯護人為反詰問。
三、再由聲請傳喚之當事人、代理人或辯護人為
覆主詰問。四、再次由他造當事人、代理人或辯
護人為覆反詰問。前項詰問完畢後，當事人、代
理人或辯護人，經審判長之許可，得更行詰問。
證人、鑑定人經當事人、代理人或辯護人詰問完
畢後，審判長得為訊問。同一被告、自訴人有二
以上代理人、辯護人時，該被告、自訴人之代理
人、辯護人對同一證人、鑑定人之詰問，應推由
其中一人代表為之。但經審判長許可者，不在此
限。兩造同時聲請傳喚之證人、鑑定人，其主詰
問次序由兩造合意決定，如不能決定時，由審判
長定之。」
理由如下：修正前原規定「證人、鑑定人由審判
長訊問後，當事人及辯護人得直接或聲請審判長
詰問之（第1項）。證人、鑑定人如係當事人聲

請傳喚者，先由該當事人或辯護人詰問，次由他造之當事人或辯護人詰問，再次由聲請傳喚之當事人或辯護人覆問。但覆問以關於因他造詰問所發見之事項為限（第2項）。」有關證人、鑑定人之調查，未區分其係由當事人聲請或由法院依職權調查，一律均由審判長直接並主導訊問，實務上能確實運用當事人交互詰問之情形不多。為落實當事人進行主義之精神，由當事人扮演積極主動之角色，乃作此調整，除非由法院依職權傳喚證人、鑑定人之情形，另行依第166條之6處理外。其由當事人聲請者於審判長依本法第185條、第197條為人別訊問後，即由當事人、代理人或辯護人直接運作交互詰問之訴訟程序。如被告無辯護人又不知行使詰問權或行使詰問權有障礙時，始要求審判長應予被告詢問證人、鑑定人之適當機會。並於第2項明文規定交互詰問之次序。審判長僅在當事人交互詰問後為補充性的訊問，以確實落實當事人進行主義之精神，並與本法第163條之修正相呼應，彰顯法院依職權調查證據之輔助性質。對於同一被告、自訴人有二位以上代理人、辯護人時（含同一被告兼有代理人及辯護人），為節省法庭時間，避免不必要之重複詰問，**乃參考日本刑事訴訟法第33條、第34條及日本刑事訴訟規則第25條與美國華盛頓西區聯邦區法院刑事訴訟規則第26條(b)等規定之立**

**法精神，於第5項規定：除非經審判長許可外，
該被告之代理人、辯護人或自訴人之代理人對同
一證人、鑑定人之詰問，應推由其中一人代表為
之。**

若兩造同時聲請傳喚某證人或鑑定人，關於主詰
問之次序，基於尊重當事人進行之精神，於第6
項規定由兩造合意決定，不能合意決定時，則由
審判長定之，以作規範。

二十六、**增訂第166條之1：「主詰問應就待證事項及
其相關事項行之。為辯明證人、鑑定人陳述之
證明力，得就必要之事項為主詰問。行主詰問
時，不得為誘導詰問。但下列情形，不在此限：
一、未為實體事項之詰問前，有關證人、鑑定人
之身分、學歷、經歷、與其交游所關之必要準備
事項。二、當事人顯無爭執之事項。三、關於證
人、鑑定人記憶不清之事項，為喚起其記憶所必
要者。四、證人、鑑定人對詰問者顯示敵意或反
感者。五、證人、鑑定人故為規避之事項。六、
證人、鑑定人為與先前不符之陳述時，其先前之
陳述。七、其他認有誘導詰問必要之特別情事
者。」**
理由如下：本條係參考我國刑事訴訟法**第191條
之規定及日本刑事訴訟規則第199條之3第1項、
第2項之立法例，於第1項明定主詰問之範圍，**
此所稱「待證事項」不以重要關係之事項為限，

而係以英美法所稱「關聯性法則」定之。至於第2項則明定在主詰問階段，為辯明證人、鑑定人記憶及陳述之正確性，或證人、鑑定人之憑信性等，得就必要事項為詰問。

誘導詰問乃指詰問者對供述者暗示其所希望之供述內容，而於「問話中含有答話」之詰問方式。就實務經驗而言，由當事人、代理人、辯護人或輔佐人聲請傳喚之證人、鑑定人，一般是有利於該造當事人之友性證人。因此，若行主詰問者為誘導詰問，證人頗有可能迎合主詰問者之意思，而做非真實之供述。故而，原則上在行主詰問時不得為誘導詰問，惟為發見真實之必要或無導出虛偽供述之危險時，則例外允許於行主詰問時，為誘導詰問。爰依據刑事訴訟法第167條第1項規定，**並參考日本刑事訴訟規則第199條之3第3項，於本條第3項明定行主詰問時，不得為誘導詰問，並以但書列舉其例外情形，同時規定概括條款，以資適用。**

二十七、**增訂第166條之2**：「反詰問應就主詰問所顯現之事項及其相關事項或為辯明證人、鑑定人之陳述證明力所必要之事項行之。行反詰問於必要時，得為誘導詰問。」

　　　　理由如下：

（一）反詰問之作用乃在彈劾證人、鑑定人供述之憑信性，及引出在主詰問時未揭露或被隱瞞之另一部

分事實，而達發見真實之目的，爰依據我國刑事
訴訟法第167條第1項，**並參考日本刑事訴訟規
則第199條之4第1項之規定**，於本條第1項規範
反詰問之詰問範圍，以資明確。

（二）行反詰問時，因證人、鑑定人通常非屬行反詰
問一造之友性證人，較不易發生證人、鑑定人附
和詰問者而為非真實供述之情形，故允許為誘導
詰問。再者，從另一角度觀察，經由反對詰問程
序而發現證人、鑑定人於主詰問時之供述是否真
實，透過誘導詰問，更能發揮推敲真實之效果。
然而，行反詰問時，證人、鑑定人亦有迎合或
屈服於詰問者意思之可能或遭致羞辱之危險。因
此，對於反詰問之誘導詰問亦應有適當之規範，
即於必要時，始得為之。**爰參考日本刑事訴訟規
則第199條之4第2項之法例，增訂本條第2項，
以資適用。至於何種情形為「必要時」，則由審
判長裁量。**

二十八、**增訂第166條之3**：「行反詰問時，就支持自
己主張之新事項，經審判長許可，得為詰問。依
前項所為之詰問，就該新事項視為主詰問。」
理由如下：按反詰問之範圍，以修正後本法第
166條之2之規定為原則，然同一證人、鑑定人
亦可能知悉、支持行反詰問者主張之事項，為
發見真實，經審判長許可，宜使行反詰問者，就
支持自己主張之新事項為詰問，此時就該新事項

言，則產生程序之更新，該種詰問，性質上為主詰問，而非反詰問。而對造之當事人、代理人及辯護人對該新事項則自然取得反詰問權，**爰參考日本刑事訴訟規則第199條之5、美國聯邦證據規則第611條b項之立法例，增訂本條。**

二十九、**增訂第166條之4**：「覆主詰問應就反詰問所顯現之事項及其相關事項行之。行覆主詰問，依主詰問之方式為之。前條之規定，於本條準用之。」

理由如下：原條文第166條第2項但書，原即規定覆問之範圍「因他造詰問所發見之事項」，亦即限於因反詰問所發見之事項，惟因反詰問所發見之事項，包含反詰問時所發見之事項及主詰問時已發見，並在反詰問時有所詰問之事項，爰將覆主詰問之範圍規定為反詰問所顯現之事項與其相關事項，以資明確。另外，行覆主詰問，應依主詰問之方式為之，例如：原則上不得誘導詰問，於法定例外之情況下始得為誘導詰問。另為發見真實，經審判長許可，亦宜使行覆主詰問者，就支持自己主張之新事項為詰問，**爰參考日本刑事訴訟規則第199條之7之規定，增訂本條。**

三十、**增訂第166條之5**：「覆反詰問，應就辯明覆主詰問所顯現證據證明力必要之事項行之。行覆反詰問，依反詰問之方式行之。」

理由如下：為避免詰問事項不當擴張，浪費法庭

時間，爰**參考美國聯邦證據規則第611條a項之立
法精神，於本條第1項規定覆反詰問應就覆主詰
問所顯現證據證明力必要之事項行之**。行覆反詰
問，仍應依循反詰問之方式，爰於本條第2項予
以規定。

三十一、**增訂第166條之6**：「法院依職權傳喚之證人
或鑑定人，經審判長訊問後，當事人、代理人或
辯護人得詰問之，其詰問之次序由審判長定之。
證人、鑑定人經當事人、代理人或辯護人詰問
後，審判長得續行訊問。」

理由如下：依第163條第2項前段之規定，法院
為發見真實，得依職權調查證據。因此，於法院
依職權傳喚證人、鑑定人時，該證人、鑑定人
具有何種經驗、知識，所欲證明者為何項待證
事實，自以審判長最為明瞭，應由審判長先為訊
問，此時之訊問相當於主詰問之性質，而當事
人、代理人及辯護人於審判長訊問後，接續詰問
之，其性質則相當於反詰問。至於當事人、代理
人及辯護人間之詰問次序，則由審判長本其訴訟
指揮，依職權定之。為發見真實，證人、鑑定人
經當事人、代理人或辯護人詰問後，審判長仍得
續行訊問，爰增訂本條，以與第166條規定作一
區別。

三十二、**增訂第166條之7**：「詰問證人、鑑定人及證
人、鑑定人之回答，均應就個別問題具體為之。

下列之詰問不得為之。但第五款至第八款之情形，於有正當理由時，不在此限：一、與本案及因詰問所顯現之事項無關者。二、以恫嚇、侮辱、利誘、詐欺或其他不正之方法者。三、抽象不明確之詰問。四、為不合法之誘導者。五、對假設性事項或無證據支持之事實為之者。六、重覆之詰問。七、要求證人陳述個人意見或推測、評論者。八、恐證言於證人或與其有第一百八十條第一項關係之人之名譽、信用或財產有重大損害者。九、對證人未親身經歷事項或鑑定人未行鑑定事項為之者。十、其他為法令禁止者。」

理由如下：

(一) 對於證人、鑑定人之詰問及證人、鑑定人之回答，應以何種方式為之，在英美法庭多見一問一答方式；而我國現行條文第190條則規定「訊問」證人，應命證人就訊問事項之始末而連續陳述。衡諸實際，以一問一答之方式為之，較為明確，但易受暗示之影響，且耗時較久；而以連續陳述之方式，亦有可能因證人之疏忽或不小心而遺漏重要事實，有時二者甚或不易區別。**爰參考日本刑事訴訟規則第199條之13第1項之規定，增訂詰問及證人、鑑定人回答之方式均應就個別問題具體為之**。當然所謂「就個別問題具體為之」，亦非純粹屬一問一答，或答「是」或「不是」的簡潔問題。例如：當事人可能詰問證人：

「關於本案件，請將你在某年、某月、某日所見
之事實陳述一遍」等。從而，以此修正之方式規
定，或較能綜合問答方式及連續陳述方式等各種
情況，而賦予詰問較彈性之空間，至於何種方式
較為具體妥適，則委諸實務運作。

（二）為免無秩序、不當的詰問，浪費時間，延滯訴訟
程序，甚或導致虛偽陳述，影響真實之發見，**爰
參考日本刑事訴訟規則第199條之13第2項各款
及美國聯邦證據規則第611條之精神**，將現行條
文第191條之規定移列於本條第2項，並加以補
充，以禁止不當之詰問。

（三）詰問之目的在於發見真實，在某些有正當理由之
情況下，例如證人基於實驗過之事實而做之推測
或個人意見，自然比未經實驗過之推測或個人意
見可靠，此時要求證人陳述個人意見或推測，宜
認其有正當理由，而寬認該詰問方式之正當性。
爰於本條第2項明定第5款至第8款之情形，於有
正當理由時，仍得為詰問。

三十三、**修正第167條**：「當事人、代理人或辯護人詰
問證人、鑑定人時，審判長除認其有不當者外，
不得限制或禁止之。」

理由如下：當事人進行主義詰問為當事人、代
理人及辯護人之權利，原則上不得予以禁止，故
將原禁止之規定修正為反面規定，以闡明審判長
訴訟指揮權之行使，原則上需尊重當事人之詰問

權，然而審判程序之進行以兩造之攻擊、防禦為主軸後，為防止詰問權之濫用，導致不必要及不當之詰問，使審判程序遲滯，審判長為維持法庭秩序、有效發見真實，仍得適當限制、禁止詰問之方式、時間。

三十四、**增訂第167條之1**：「當事人、代理人或辯護人就證人、鑑定人之詰問及回答，得以違背法令或不當為由，聲明異議。」

理由如下：詰問制度之設計，在於使當事人、代理人或辯護人在審判程序中積極參與，為使訴訟程序合法、妥適，當事人、代理人或辯護人，對於他造向證人、鑑定人所為之詰問及證人、鑑定人對於他造當事人等詰問之回答，均得聲明異議，以防不當或違法之詰問及證人、鑑定人恣意之回答，影響審判之公平、公正，或誤導事實，**爰參考日本刑事訴訟法第309條第1項、日本刑事訴訟規則第205條之規定，增訂本條。**

三十五、**增訂第167條之2**：「前條之異議，應就各個行為，立即以簡要理由為之。審判長對於前項異議，應立即處分。他造當事人、代理人或辯護人，得於審判長處分前，就該異議陳述意見。證人、鑑定人於當事人、代理人或辯護人聲明異議後，審判長處分前，應停止陳述。」

理由如下：

（一）聲明異議必須附理由，實務上常先以「審判長，

有異議」（Objection, Your Honor），喚起法院
之注意，然後再說明簡要理由，例如：「辯護人
之詰問顯然為誘導詰問，請命令停止」，而此處
所謂之聲明異議係針對證人、鑑定人詰問、回答
之行為、內容或方式為之，**爰參考日本刑事訴訟
規則第205條之2之規定**，增訂本條第1項。

（二）當事人、代理人或辯護人聲明異議時，審判長應
即時作出處分，惟在作成處分前，宜賦予相對人
得陳述對於該異議之意見之機會，而證人、鑑定
人於審判長處分前，亦應先暫時停止陳述，俾訴
訟進行有秩序，並避免損及異議人之權益，以示
公平、公正，**爰參考日本刑事訴訟規則第205條
之3**，增訂本條第2項、第3項及第4項，以資適
用。

三十六、**第167條之3**：「審判長認異議有遲誤時機、
意圖延滯訴訟或其他不合法之情形者，應以處分
駁回之。但遲誤時機所提出之異議事項與案情有
重要關係者，不在此限。」

理由如下：採交互詰問之調查證據方式，通常
過程緊湊，不宜中斷或遲延，因此，若當事人、
代理人或辯護人一發現對於證人、鑑定人之詰問
或證人、鑑定人之回答有所偏差時，應立刻聲明
異議，對於已經遲誤時機、意圖延滯訴訟或其他
不合法之聲明異議，原則上不應准許，而應予處
分駁回。但若遲誤時機之聲明異議事項，與案情

有重要關係，顯足以影響判決之內容或審判之公平時，則應不受提出時機之限制，至於何種事項與案情有重要關係，宜依個案具體情形決定之，而由實務累積經驗，**爰參考日本刑事訴訟規則第205條之4之規定**，增訂本條。

三十七、**增訂第167條之4**：「審判長認異議無理由者，應以處分駁回之。」

　　理由如下：參考日本刑事訴訟規則第205條之5之規定，增訂本條。而有關審判長處分之事項，應由書記官載明於筆錄，以便查考，並供日後審查。

三十八、**增訂第167條之5**：「審判長認異議有理由者，應視其情形，立即分別為中止、撤回、撤銷、變更或其他必要之處分。」

　　理由如下：參考日本刑事訴訟規則第205條之6之規定，增訂本條。至於如何情況而應為中止、撤回、撤銷、變更或其他必要之處分，因情況各異，難以盡書，有賴實務運作以累積判例，以資遵循。

三十九、**增訂第167條之6**：「對於前三條之處分，不得聲明不服。」

　　理由如下：為避免當事人反覆爭執，延宕訴訟程序，對於審判長依前三條規定所為之處分，不許再聲明不服，**爰參考日本刑事訴訟規則第206條規定之精神**，增訂本條。

四十、**增訂第168條之1**：「當事人、代理人、辯護人
　　　或輔佐人得於訊問證人、鑑定人或通譯時在場。
　　　前項訊問之日、時及處所，法院應預行通知之。
　　　但事先陳明不願到場者，不在此限。」
　　　理由如下：

（一）為保障當事人之反對詰問權，使交互詰問制度
　　　得以充分落實，以期發見真實，當事人、代理
　　　人、辯護人及輔佐人於訊問證人、鑑定人或通譯
　　　時允宜賦予在場之機會，斯即學理上所稱之在場
　　　權。原條文第276條第3項對於前開當事人之在
　　　場權，雖已有規定，但該條第1項、第2項係規定
　　　審判期日前之訊問證人或鑑定人，使人誤會當事
　　　人在場權，僅限於審判期日之前，而不及於審判
　　　期日。爰將本法有關當事人在場權之規定，移列
　　　於證據章通則部分，以彰顯落實保障訴訟當事人
　　　權益之修法精神。

（二）為保障當事人之在場權，訊問之日、時及處所，
　　　法院固應預行通知之，以方便當事人、代理人、
　　　辯護人及輔佐人出席。惟當事人、代理人、辯護
　　　人或輔佐人基於己身原因考量，自願放棄其在場
　　　權，而預先表明不願到場者，法院得不再預行通
　　　知，以免浪費有限之司法資源，**爰參考日本刑事
　　　訴訟法第157條第2項但書之規定**，增訂本條但
　　　書，以資適用。

四十一、**修正第169條**：「審判長預料證人、鑑定人或

共同被告於被告前不能自由陳述者，經聽取檢察官及辯護人之意見後，得於其陳述時，命被告退庭。但陳述完畢後，應再命被告入庭，告以陳述之要旨，並予詰問或對質之機會。」

理由如下：原條文內容職權主義之色彩較濃，在刑事訴訟法朝加強當事人進行主義色彩之方向修正後，是否進行隔別訊問，自宜聽取檢察官及辯護人之意見，不宜任由審判長自己遽行決定。再者，被告之反對詰問權為被告之防禦權，應予保障，因此，於隔別訊問後，再命被告入庭，除告以陳述之要旨外，仍應賦予被告詰問之機會，訴訟程序之設計始為周延，**爰參酌日本刑事訴訟法第281條之2之規定**，修訂本條。

四十二、**增訂第176條之1**：「除法律另有規定者外，不問何人，於他人之案件，有為證人之義務。」

理由如下：刑事訴訟係採實質的真實發見主義，欲認定事實，自須賴證據以證明。而證人係指在他人之訴訟案件中，陳述自己所見所聞具體事實之第三人，為證據之一種，故凡居住於我國領域內，應服從我國法權之人，無分國籍身分，均有在他人為被告之案件中作證之義務，俾能發見事實真相。此外，本法第178條明文規定證人經合法傳喚，無正當理由不到場者，得科以罰鍰；證人不到場者，亦得予以拘提，益見除法律另有規定者外，不問何人，於他人之案件均有為證人之

義務，爰參考民事訴訟法第302條之立法例，予
以增訂，以期明確。

四十三、**增訂第284條之1**：「除簡式審判程序及簡易
程序案件外，第一審應行合議審判。」

理由如下：訴訟結構之金字塔化，係以堅實的第
一審作為基礎，因此，提升第一審之審判品質，
乃為其重要前提，尤其第一審特別接近犯罪事實
發生之時點，若第一審未能查明事實，上級審往
往因時間經過而證據不存在，導致事實真相更難
澄清，為強化第一審之審判功能，以收集思廣益
之效，除簡式審判程序及簡易案件外，新增第一
審應採行合議制，並落實合議制度，使第一審之
審判確實成為事實審之重心。

四十四、**修正第319條**：「犯罪之被害人得提起自訴。
但無行為能力或限制行為能力或死亡者，得由其
法定代理人、直系血親或配偶為之。前項自訴之
提起，應委任律師行之。犯罪事實之一部提起自
訴者，他部雖不得自訴亦以得提起自訴論。但不
得提起自訴部分係較重之罪，或其第一審屬於高
等法院管轄，或第三百二十一條之情形者，不在
此限。」

理由如下：採強制委任律師為代理人之自訴制
度，主要目的亦係在保護被害人權益，因本法第
161條、第163條等條文修正施行後，刑事訴訟
改以「改良式當事人進行主義」為原則，在強調

自訴人舉證責任之同時，若任由無相當法律知識之被害人自行提起自訴，無法為適當之陳述，極易敗訴，是立於平等及保障人權之出發點，自訴採強制律師代理制度，自有其意義。

附件二
現行（2020年）中華民國民事訴訟法與自由心證主義相關規定

一、第221條

判決，除別有規定外，應本於當事人之言詞辯論為之。

法官非參與為判決基礎之辯論者，不得參與判決。

二、第222條

法院為判決時，應斟酌全辯論意旨及調查證據之結果，依自由心證判斷事實之真偽。但別有規定者，不在此限。

當事人已證明受有損害而不能證明其數額或證明顯有重大困難者，法院應審酌一切情況，依所得心證定其數額。

法院依自由心證判斷事實之真偽，不得違背論理及經驗法則。

得心證之理由，應記明於判決。

三、第265條

當事人因準備言詞辯論之必要，應以書狀記載其

所用之攻擊或防禦方法，及對於他造之聲明並攻擊或防禦方法之陳述，提出於法院，並以繕本或影本直接通知他造。

他造就曾否受領前項書狀繕本或影本有爭議時，由提出書狀之當事人釋明之。

四、第266條

原告準備言詞辯論之書狀，應記載下列各款事項：

一、請求所依據之事實及理由。

二、證明應證事實所用之證據。如有多數證據者，應全部記載之。

三、對他造主張之事實及證據為承認與否之陳述；如有爭執，其理由。

被告之答辯狀，應記載下列各款事項：

一、答辯之事實及理由。

二、前項第二款及第三款之事項。

前二項各款所定事項，應分別具體記載之。

第一項及第二項之書狀，應添具所用書證之影本，提出於法院，並以影本直接通知他造。

五、第277條

當事人主張有利於己之事實者，就其事實有舉證之責任。但法律別有規定，或依其情形顯失公平者，不在此限。

六、第278條

事實於法院已顯著或為其職務上所已知者，無庸
舉證。

前項事實，雖非當事人提出者，亦得斟酌之。但
裁判前應令當事人就其事實有辯論之機會。

七、第279條

當事人主張之事實，經他造於準備書狀內或言詞
辯論時或在受命法官、受託法官前自認者，無庸
舉證。

當事人於自認有所附加或限制者，應否視有自
認，由法院審酌情形斷定之。

自認之撤銷，除別有規定外，以自認人能證明與
事實不符或經他造同意者，始得為之。

八、第280條

當事人對於他造主張之事實，於言詞辯論時不爭
執者，視同自認。但因他項陳述可認為爭執者，
不在此限。

當事人對於他造主張之事實，為不知或不記憶之
陳述者，應否視同自認，由法院審酌情形斷定
之。

當事人對於他造主張之事實，已於相當時期受合
法之通知，而於言詞辯論期日不到場，亦未提出
準備書狀爭執者，準用第一項之規定。但不到場
之當事人係依公示送達通知者，不在此限。

九、第281條

法律上推定之事實無反證者，無庸舉證。

十、第282條

法院得依已明瞭之事實，推定應證事實之真偽。

十一、第282條之1

當事人因妨礙他造使用，故意將證據滅失、隱匿或致礙難使用者，法院得審酌情形認他造關於該證據之主張或依該證據應證之事實為真實。

前項情形，於裁判前應令當事人有辯論之機會。

十二、第283條

習慣、地方制定之法規及外國法為法院所不知者，當事人有舉證之責任。但法院得依職權調查之。

十三、第284條

釋明事實上之主張者，得用可使法院信其主張為真實之一切證據。但依證據之性質不能即時調查者，不在此限。

十四、第285條

聲明證據，應表明應證事實。

聲明證據，於言詞辯論期日前，亦得為之。

十五、第286條

當事人聲明之證據，法院應為調查。但就其聲明之證據中認為不必要者，不在此限。

十六、第287條

因有窒礙不能預定調查證據之時期者，法院得依聲請定其期間。但期間已滿而不致延滯訴訟者，仍應為調查。

十七、第288條

法院不能依當事人聲明之證據而得心證，為發現真實認為必要時，得依職權調查證據。

依前項規定為調查時，應令當事人有陳述意見之機會。

十八、第289條

法院得囑託機關、學校、商會、交易所或其他團體為必要之調查；受託者有為調查之義務。

法院認為適當時，亦得商請外國機關、團體為必要之調查。

十九、第290條

法院於認為適當時，得囑託他法院指定法官調查證據。

二十、第291條

囑託他法院法官調查證據者，審判長應告知當事人，得於該法院所在地指定應受送達之處所，或委任住居該地之人為訴訟代理人，陳報受囑託之法院。

二一、第292條

受託法院如知應由他法院調查證據者，得代為囑託該法院。

前項情形，受託法院應通知其事由於受訴法院及當事人。

二二、第293條

受訴法院、受命法官或受託法官於必要時，得在管轄區域外調查證據。

二三、第294條

受訴法院於言詞辯論前調查證據，或由受命法官、受託法官調查證據者，法院書記官應作調查證據筆錄。

第二百十二條、第二百十三條、第二百十三條之一及第二百十五條至第二百十九條之規定，於前項筆錄準用之。

受託法官調查證據筆錄，應送交受訴法院。

二四、第295條

應於外國調查證據者，囑託該國管轄機關或駐在該國之中華民國大使、公使、領事或其他機構、團體為之。

外國機關調查證據，雖違背該國法律，如於中華民國之法律無違背者，仍有效力。

二五、第296條

調查證據，於當事人之一造或兩造不到場時，亦得為之。

二六、第296條之1

法院於調查證據前，應將訴訟有關之爭點曉諭當事人。

法院訊問證人及當事人本人，應集中為之。

二七、第297條

調查證據之結果，應曉諭當事人為辯論。

於受訴法院外調查證據者，當事人應於言詞辯論時陳述其調查之結果。但審判長得令書記官朗讀調查證據筆錄或其他文書代之。

二八、第316條

訊問證人，應與他證人隔別行之。但審判長認為必要時，得命與他證人或當事人對質。

證人在期日終竣前，非經審判長許可，不得離去法院或其他訊問之處所。

二九、第317條

審判長對於證人，應先訊問其姓名、年齡、職業及住、居所；於必要時，並應訊問證人與當事人之關係及其他關於證言信用之事項。

三十、第318條

審判長應命證人就訊問事項之始末，連續陳述。

證人之陳述，不得朗讀文件或用筆記代之。但經
審判長許可者，不在此限。

三一、第319條

審判長因使證人之陳述明瞭完足，或推究證人得
知事實之原因，得為必要之發問。

陪席法官告明審判長後，得對於證人發問。

三二、第320條

當事人得聲請審判長對於證人為必要之發問，或
向審判長陳明後自行發問。

前項之發問，亦得就證言信用之事項為之。

前二項之發問，與應證事實無關、重複發問、誘
導發問、侮辱證人或有其他不當情形，審判長得
依聲請或依職權限制或禁止之。

關於發問之限制或禁止有異議者，法院應就其異
議為裁定。

三三、第321條

法院如認證人在當事人前不能盡其陳述者，得於
其陳述時命當事人退庭。但證人陳述畢後，審判
長應命當事人入庭，告以陳述內容之要旨。

法院如認證人在特定旁聽人前不能盡其陳述者，
得於其陳述時命該旁聽人退庭。

三四、第341條

聲明書證，應提出文書為之。

三五、第342條

聲明書證，係使用他造所執之文書者，應聲請法院命他造提出。

前項聲請，應表明下列各款事項：

一、應命其提出之文書。

二、依該文書應證之事實。

三、文書之內容。

四、文書為他造所執之事由。

五、他造有提出文書義務之原因。

前項第一款及第三款所列事項之表明顯有困難時，法院得命他造為必要之協助。

三六、第343條

法院認應證之事實重要，且舉證人之聲請正當者，應以裁定命他造提出文書。

三七、第344條

下列各款文書，當事人有提出之義務：

一、該當事人於訴訟程序中曾經引用者。

二、他造依法律規定，得請求交付或閱覽者。

三、為他造之利益而作者。

四、商業帳簿。

五、就與本件訴訟有關之事項所作者。

前項第五款之文書內容，涉及當事人或第三人之隱私或業務秘密，如予公開，有致該當事人或第三人受重大損害之虞者，當事人得拒絕提出。但

法院為判斷其有無拒絕提出之正當理由，必要時，得命其提出，並以不公開之方式行之。

三八、第345條

當事人無正當理由不從提出文書之命者，法院得審酌情形認他造關於該文書之主張或依該文書應證之事實為真實。

前項情形，於裁判前應令當事人有辯論之機會。

三九、第346條

聲明書證係使用第三人所執之文書者，應聲請法院命第三人提出，或定由舉證人提出之期間。

第三百四十二條第二項及第三項之規定，於前項聲請準用之。

文書為第三人所執之事由及第三人有提出義務之原因，應釋明之。

四十、第347條

法院認應證之事實重要且舉證人之聲請正當者，應以裁定命第三人提出文書或定由舉證人提出文書之期間。

法院為前項裁定前，應使該第三人有陳述意見之機會。

四一、第350條

機關保管或公務員執掌之文書，不問其有無提出之義務，法院得調取之。

第三百零六條之規定，於前項情形準用之。但法院為判斷其有無拒絕提出之正當理由，必要時，得命其提出，並以不公開之方式行之。

四二、第352條

公文書應提出其原本或經認證之繕本或影本。

私文書應提出其原本。但僅因文書之效力或解釋有爭執者，得提出繕本或影本。

前二項文書，法院認有送達之必要時，得命當事人提出繕本或影本。

四三、第353條

法院得命提出文書之原本。

不從前項之命提出原本或不能提出者，法院依其自由心證斷定該文書繕本或影本之證據力。

四四、第355條

文書，依其程式及意旨得認作公文書者，推定為真正。

公文書之真偽有可疑者，法院得請作成名義之機關或公務員陳述其真偽。

四五、第356條

外國之公文書，其真偽由法院審酌情形斷定之。但經駐在該國之中華民國大使、公使、領事或其他機構證明者，推定為真正。

四六、第357條

私文書應由舉證人證其真正。但他造於其真正無爭執者,不在此限。

四七、第358條

私文書經本人或其代理人簽名、蓋章或按指印或有法院或公證人之認證者,推定為真正。

當事人就其本人之簽名、蓋章或按指印為不知或不記憶之陳述者,應否推定為真正,由法院審酌情形斷定之。

四八、第359條

文書之真偽,得依核對筆跡或印跡證之。

法院得命當事人或第三人提出可供核對之文書。

核對筆跡或印跡,適用關於勘驗之規定。

四九、第367條之1

法院認為必要時,得依職權訊問當事人。

前項情形,審判長得於訊問前或訊問後命當事人具結,並準用第三百十二條第二項、第三百十三條及第三百十四條第一項之規定。

當事人無正當理由拒絕陳述或具結者,法院得審酌情形,判斷應證事實之真偽。

當事人經法院命其本人到場,無正當理由而不到場者,視為拒絕陳述。但命其到場之通知書係寄存送達或公示送達者,不在此限。

法院命當事人本人到場之通知書,應記載前項不

到場及第三項拒絕陳述或具結之效果。

前五項規定，於當事人之法定代理人準用之。

五十、第367條之2

依前條規定具結而故意為虛偽陳述，足以影響裁判之結果者，法院得以裁定處新臺幣三萬元以下之罰鍰。

前項裁定，得為抗告；抗告中應停止執行。

第一項之當事人或法定代理人於第二審言詞辯論終結前，承認其陳述為虛偽者，訴訟繫屬之法院得審酌情形撤銷原裁定。

五一、第384條

當事人於言詞辯論時為訴訟標的之捨棄或認諾者，應本於其捨棄或認諾為該當事人敗訴之判決。

附件三
日本最近二度修正之刑事訴訟法
與自由心證主義相關之規定

〔平成26年（2014年）6月25日及平成28年（2016年）5月24日修正〕

一、**第43條第1項：（言詞辯論主義）**判決除本法有特別規定之情形外，應基於言詞辯論為之。

二、**第90條：（裁量具保之條件）**裁判所於許可保釋之場合，於考慮被告逃亡或隱匿罪證疑慮之程度以外，較之身體繼續受拘束，被告所受健康上、經濟上、社會生活上，或防禦之準備上不利益之程度，和其他情事，認為適當時，可依職權許可其保釋。

（本條為2016年新修正之條文）舊法規定：「裁判所認為適當時，可依職權許可其保釋。」前後相較，前法任由裁判所自由心證，新法則規定一定之衡量標準，自較客觀嚴謹有跡可循。

三、**第256條：（起訴書、訴因、法條、預斷排除）**提起公訴，應提出起訴書（第1項）。起訴書應記載左列事項：（一）被告之姓名及其他足以特定被告之事項。（二）公訴事實。（三）罪名（第2

項）。公訴事實之記載，應明示訴因，訴因之明示，應儘可能藉由日時、場所及方法以特定構成犯罪之事實（第3項）。罪名之記載，應明示適用之罰條，但罰條記載之錯誤，若無致生被告防禦之實質不利益之虞，不影響公訴之效力（第4項）。數個訴因及罰條，得為預備或擇一之記載（第5項）。起訴書不應添附使法官就案件致生預斷之虞的文書或其他物品，或引用其內容（第6項）（採起訴狀一本主義）。

四、**第316條之2：（公判前整理手續之決定及方法）**裁判所為確保得持續地、計畫性地且迅速進行充實之審理，於必要時依檢察官、被告或辯護人之聲請或依職權，於第一回公判期日前，為整理事件之爭點及證據準備起見，以裁定將案件交付審前整理程序（2016年修正§316-2Ⅰ），裁定前須聽取檢辯及被告之意見（2016年增訂§316-2Ⅱ），並為證據開示之裁定（§316-5、§316-14～§316-21、2016年修正§316-25）。

五、**第317條：（證據裁判主義）**事實應依證據認定之。

六、**第318條：（自由心證主義）**證據之證明力委由法官自由判斷。

七、**第319條：（自白證據能力、證明力）**出於強制、拷問或脅迫之自白及不當長時間之拘留或拘禁後之自白等其他具非任意性自白疑義者，均不得作為證

據（第1項）。不論被告於審判庭有無自白，該自白係對其不利之唯一證據者，不得為有罪之認定（第2項）。前二項之自白，包括被告對起訴犯罪事實自認有罪之情形（第3項）。

八、**第320條：（傳聞證據排除原則）** 除第321條至第328條規定之情形（法律規定承認書面證據之證據能力者）外，不得以文書作為證據取代審判期日之供述，或於審判期日外之他人供述作為證據（即傳聞證據除法有規定者外，不得作為證據）（第1項）。對於已有第291條之2裁定案件（簡易審判）之證據，前項規定不適用之。但檢察官、被告或辯護人對作為證據表示異議者，不在此限（第2項）。

九、**第321條：（被告以外之人供述書面之證據能力）** 被告以外之人作成之供述書或記錄供述人供述之文書，經其簽名或署押，以下列情形者為限，得作為證據：（一）關於記錄在法官面前〔包括依第157條之6第1項（在同一設施內以映像聲音傳送方法為不在席之證人詰問）及第2項（在同一設施以外之場所以上開方法依訴訟規則讓證人在法庭加以詰問）〕供述之文書，因該供述人死亡或精神、身體障礙或所在不明或在國外無法於審判準備或審判期日為供述，或供述人為與審判準備或審判期日前相反或實質相異之供述（2016年修正）。（二）關於記錄在檢察官面前供述之文書，因該供述人死亡

或精神、身體障礙或所在不明，或在國外無法於審判準備或審判期日為供述，或供述人為與審判準備或審判期日前相反或實質上相異之供述。但相較審判準備或審判期日所為供述，先前之供述存在特別可信之情況者為限。（三）前二項所列文書以外之文書，因供述人死亡或精神、身體障礙或所在不明或在國外無法於審判準備或審判期日為供述，且其供述對犯罪事實存否之證明屬不可欠缺，但以其供述在特別可信之情況下所作者為限（第1項）。記載被告以外之人於審判準備或審判期日供述之文書，或記載裁判所、法官勘驗結果之文書，不受前項規定之限制，得作為證據（第2項）。記載檢察官、檢察事務官或司法警察職員勘驗結果之文書，該供述人於審判期日作為證人受詰問，供述該文書之作成為真正時，不受第1項規定之限制，得作為證據（第3項）。關於鑑定人所作記載鑑定經過及結果之文書，亦與前項相同（第4項）。

十、**第321條之2：（前條之特別規定）** 於被告案件之審判準備或審判期日程序以外之刑事程序，或其他案件之刑事程序，依第157條之6第1項或第2項（陪同證人）規定方法為證人之詰問、供述以及記錄當時情況之紀錄媒體，以其一部作為筆錄者，不受前條第1項規定之限制，得作為證據。裁判所於調查該筆錄後，應以供述人為證人給予訴訟關係人詢問之機會（2016年修正條文）（第1項）。於依

前項規定調查筆錄之情形,第305條第5項但書規定(告知筆錄內容取代播放儲存裝置)不適用之(第2項)。依第1項規定記載證人供述之筆錄,於第295條第1項前段及前條第1項第1款及第2款之適用,視為於被告案件之審判期日所為(第3項)。

十一、**第322條:(被告供述書面之證據能力)**被告作成之供述書或記錄被告供述之文書,經被告簽名或蓋印者,以該供述乃被告承認不利之事實為內容,或具有特別可信之情況下所為者為限得作為證據。但被告承認不利事實為內容之文書,縱使此承認非自白,亦準用第319條(自白之證據能力)之規定,於其內容之任意性有懷疑時,不得作為證據(第1項)。記載被告於審判準備或審判期日所為供述之文書,以足認其供述具有任意性者為限,得作為證據(第2項)。

十二、**第323條:(其他書面之證據能力)**前三條所列文書以外之文書,以下列情形者為限,得作為證據:(一)戶籍謄本、公證書謄本及其他公務員(包括外國公務員)就其職務上得以證明之事實,製作之文書。(二)商業帳簿、航海日誌及其他於通常業務過程製作之文書。(三)前二款情形外,在有特別可信情況之下所製作之文書。

十三、**第324條:(傳聞供述之證據能力)**關於被告以外之人於審判準備或審判期日以被告之供述為內容所為之供述,準用第322條之規定(具有特別

可信之情況下為限得作為證據）（第1項）。被告以外之人在審理準備或審判期日，以被告以外之人之供述作為供述內容者，準用第321條第1項第3款（以其對事實存否所不可或缺，且其供述係在有特別可信之情況下所作為限，得作為證據）之規定（第2項）。

十四、**第325條：（供述任意性之調查）**裁判所依第321條至前條之規定，就得作為證據之文書或供述，如未先就該文書上記載之供述，或於審判準備或審判期日成為供述內容之其他供述，調查是否具有任意性者，不得作為證據。

十五、**第326條：（當事人同意之書面及供述之證據能力）**檢察官及被告已同意作為證據之文書或供述，經考慮該文書或供述作成時之情況，以認為適當者為限，不受第321條至前條之規定之限制（一定條件下經簽名或署押、具有特別可信之情況下所為，又經任意性調查）得作為證據（第1項）。在被告不出面亦能調查證據之場合，被告不出面時，視為有前項之同意，但有代理人或辯護人出面者不在此限（第2項）。

十六、**第327條：（合意書面之證據能力）**裁判所以經檢察官及被告或辯護人合意為前提，就文書之內容或審判期日到場將為供述之內容提出時，該文書或應供述內容縱使未經調查，其書面資料亦得作為證據。於此情形，爭執該文書之證明力，不

受影響。

十七、**第328條：（爭執證明力之證據）**依第321條至第324條規定不得作為證據之文書或供述，為爭執被告、證人或其他人於審判準備或審判期日所為供述之證明力，得作為證據。

十八、新增第四章：**證據蒐集之協力及關於追訴之合意（2016年新增）。**

第一節　合意及協議之程序

十九、**第350條之2：（合意之內容及對象）**檢察官**考**量涉犯特定犯罪之嫌疑人或被告，關於涉犯特定犯罪之他人刑事事件（以下簡稱他人刑事事件）依第1款所載之一或二以上行為**取得**證據之重要性、相關犯罪之輕重及情狀、與本案相關犯罪關聯之程度及其他情事，認為必要時，在與嫌疑人或被告間，嫌疑人或被告於該他人刑事事件中有為同款所載之一或二以上之行為時，檢察官得為嫌疑人或被告關於本事件有第2款所載之一或二以上行為為內容之合意（第1項）。

（一）以下所揭行為：

1. 依第198條第1項（要求嫌疑犯出面受訊問）或第223條第1項（囑託第三人出面訊問、鑑定）之規定，於檢察官、檢察事務官、司法警察訊問之際為真實之供述。

2. 於受證人詰問時為真實之供述。

3. 因檢察官、檢察事務官、司法警察蒐集證據之關

係，為提出證據及其他必要之協助（第1目、第2目所揭之物除外）。

（二）以下所揭行為：

1. 不起訴。

2. 撤銷公訴。

3. 以特定之訴因及罰條提起公訴，或維持該訴因及罰條。

4. 追加或撤回特定的訴因或罰條，或請求變更特定之訴因及罰條。

5. 於依第293條第1項為陳述時，陳述對被告應科處特定刑意旨之意見。

6. 聲請適用即決裁判程序。

7. 請求略式命令。

　　前項規定之「特定犯罪」如後所述（死刑或無期懲役或無期徒刑之罪除外）（第2項）：

（一）刑法第96條（毀損封印）至第96條之6（妨害拍賣等）或第155條（偽造公文書）之罪、應依同條之例處斷之罪、同法第157條（登載不實公證書）之罪、同法第158條（行使偽造公文書）之罪（但以觸犯同法第155條之罪、應依同條之例處斷之罪，或同法第157條第1項或第2項之罪為限），或同法第159條（偽造私文書）至第163條之5（偽造有價證券）、第197條（收賄）至第197條之4（斡旋收賄）、第198條（贈賄）、第246條（詐欺）至第250條（詐欺恐嚇

未遂），或第252條（侵占）至第254條（侵占遺失物）之罪。

（二）觸犯與組織犯罪之處罰及規制犯罪收益等相關之法律（平成11年法律第136號以下簡稱組織犯罪處罰法）第3條第1項第1款至第4款、第13款或第14款所載同條之罪、或觸犯同項第13款或第14款所載同條之未遂罪、或組織犯罪處罰法第10條或第11條之罪。

（三）除前二款所載以外，有關租稅之法律、禁止私有獨占及關於確保公平交易之法律（昭和22年法律第54號）、金融商品交易法（昭和23年法律第25號）之罪，或其他依政令規定與財政經濟有關之犯罪。

（四）以下所揭法律之罪：

1. 爆發物取締罰則（明治17年太政官布告第32號）。

2. 大麻取締法（昭和23年法律第24號）。

3. 覺醒劑取締法（昭和26年法律第252號）。

4. 麻藥及抗精神藥取締法（昭和28年法律第14號）。

5. 武器等製造法（昭和28年法律第145號）。

6. 鴉片法（昭和29年法律第71號）。

7. 持有槍砲刀劍等取締法（昭和33年法律第6號）。

8. 觸犯關於為防止助長國際協力下規範藥物之不正

　　　行為之麻藥及抗精神藥取締法等的特例之法律
　　　（平成3年法律第94號）。

（五）刑法第103條（犯人藏匿）、第104條（湮滅證
　　　據）、第105條之2（威迫證人）之罪，或組織
　　　犯罪處罰法第7條之罪（觸犯同條第1項第1款至
　　　第3款所載者為限）、組織犯罪處罰法第7條之2
　　　之罪（均以本犯前述各款所載之罪為限）（平成
　　　29年法律第67號修正本款）。

　　　第1項的合意中可包含嫌疑人或被告所為第1項之
　　　行為，或檢察官所為同項第2款揭載行為之附隨
　　　事項、及其他為達成合意目的必要事項為其內容
　　　（第3項）。

二十、**第350條之3：（辯護人之同意、合意書面之內
　　　容）**前條第1項之合意需得辯護人之同意（第1
　　　項）。前條第1項之合意，由檢察官、嫌疑人、
　　　被告及辯護人之連署書面使其內容明確（第2
　　　項）。

二十一、**第350條之4：（協議主體）**有為第350條之2
　　　第1項之合意必要之協議者，由檢察官與嫌疑人
　　　或被告及辯護人間為之，但嫌疑人或被告及辯護
　　　人無異議時，協議之一部可單由辯護人間行之。

二十二、**第350條之5：（在協議下供述之聽取）**前條
　　　之協議下檢察官對嫌疑人或被告可請求關於他人
　　　刑事事件之供述。於此場合準用第198條第2項
　　　（須告以無須違背自己意思而為陳述之意旨）之

規定（第1項）。嫌疑人或被告在前條之協議下所為之供述，若未達成第350條之2第1項之合意時，即不能以此作為證據使用（第2項）。前項之規定，嫌疑人或被告依該協議所為之行為，若該當於刑法第103條（犯人藏匿等）、第104條（證據隱匿等）或第172條（誣告等）之罪，或該當於組織犯罪處罰法第7條第1項第1款或第2款所載同條之罪（組織犯罪藏匿犯人及證據隱匿）之場合，而屬觸犯此等罪名之事件時不適用之（第3項）。

二十三、**第350條之6：（與司法警察之關係）**檢察官對於司法警察移送或交付（調查）事件，或認為司法警察現正調查之事件，與該嫌疑犯間履行第350條之4之協議時，須預先與司法警察協議行之（第1項）。檢察官對於依第350條之4協議有關之他人刑事事件，考慮司法警察現在調查中或其他情事，認為於該他人刑事事件之偵查有必要時，依前條第1項之規定，得使司法警察為求取供述及其他於該協議之必要行為。於此場合，司法警察在檢察官之各別授權範圍內得提示檢察官依第350條之2第1項合意內容提案之同項第2款所載行為之內容（第2項）。

第二節　審判程序之特例

二十四、**第350條之7：（在已合意之被告事件請求調查合意內容之書面證據）**檢察官與嫌疑犯間有第

350條之2第1項之合意時，於關於該合意有關之嫌疑事件提起公訴時、第291條程序終結後（事件於有被交付審判前整理程序之場合時，於該時點之後），不得遲延，須即以證據請求依第350條之3第2項之書面（以下簡稱合意內容書面）加以調查。關於被告事件於提起公訴後與被告間有第350條之2第1項之合意時亦同（第1項）。依前項規定請求調查合意內容書面之場合，該合意之當事人於依第350條之10第2項規定告知脫離該合意之意旨之際，檢察官非合併請求調查同項之書面不可（第2項）。於依第1項之規定請求調查合意內容書面之後，該合意之當事人於依第350條之10第2項規定告知脫離該合意之意旨之際，檢察官不可遲延，非請求調查同項之書面不可（第3項）。

二十五、**第350條之8：（在已明對象之他人事件請求合意內容書面之證據調查）**有被告以外之人之供述筆錄時，關於該人依第350條之2第1項合意作成之物，或已依同項合意錄取之供述或記錄之物，檢察官、被告或辯護人請求調查或裁判所依職權對此作調查時，檢察官不可遲延，非即請求調查合意內容書面不可，於此場合，準用前條第2項及第3項之規定。

二十六、**第350條之9：（同前）**檢察官、被告或辯護人請求詰問證人，或裁判所依職權對證人詰問

時，該證人與將成為證人之人之間有關於該證人詰問所為第350條之2第1項之合意時，檢察官不可遲延，非即請求調查合意內容書面不可，於此場合，準用第350條之7第3項之規定。

第三節　合意之終了

二十七、**第350條之10：（脫離合意）** 有下列各款情形之一時，合於各款之規定者，可自第350條之2第1項之合意脫離（第1項）。

（一）第350條之2第1項之合意之當事人違反合意時，其對方。

（二）有下列事由之一之被告：

　　1. 裁判所不許檢察官依第350條之2第1項第2款有關同項之合意為基礎之訴因、罰條之追加、撤回、變更之請求。

　　2. 第2目至第4目略。

（三）有下列事由之一之檢察官：

　　1. 嫌疑犯或被告於依第350條之4之協議，所為他人刑事事件之供述內容，已明白其非真實之時。

　　2. 第1款所揭之物以外，嫌疑犯或被告於依第350條之2第1項之合意所為之供述內容並非真實。或嫌疑犯或被告依同項之合意提出之證據，已明白係偽造或變造之物之時。

　　前項所規定之脫離，以記載其理由之書面對脫離該合意之他方告知脫離合意之意旨行之（第2項）。

二十八、**第350條之11**：（合意之失效）關於檢察官依第350條之2第1項第2款第1目所為同項合意不起訴處分事件，於有檢察審查會法第39條之5第1項第1款（起訴正當）或第2款（不起訴不當）之議決，或同法第41條之6第1項之起訴議決時，該合意失其效力。

二十九、**第350條之12**：（**合意失效時證據能力之限制**）前條之場合關於該當議決之事件縱然於被起訴之際，被告依第350條之4之協議所為之供述，及依該合意所為被告行為取得之證據，及以此為基礎取得之證據，於該被告之刑事事件不得為證（第1項）。前項之規定於下列情形不適用：（一）依前條規定議決前被告之行為明顯違反該合意，且合於第350條之10第1項第3款第1目，或第2目所揭事由時。（二）被告依合意所為之行為，或該協議下所為之行為，在合於第350條之15第1項之罪、刑法第103條（藏匿人犯罪）、第104條（湮滅證據罪）、第169條（偽證罪）或第172條之罪（誣告罪），或組織犯罪處罰法第7條第1項第1款或第2款所載同條之罪之場合，於觸犯此等罪之事件適用之際。（三）被告對於作為證據無異議時（第2項）。

第四節　履行合意之確保

三十、**第350條之13**：（**違反合意時駁回公訴**）檢察官違反第350條之2第1項第2款第1目至第4目、第6

目或第7目有關之同項合意（關於同款第3目者，以特定之訴因及罰條起訴意旨者為限），提起公訴、不撤銷公訴、依不同訴因及罰條起訴、追加不同訴因或罰條、不撤回或請求變更，或追加或撤回或請求變更以不同訴因或罰條維持公訴，或聲請即決裁判程序，或不同時請求略示命令而同時提起公訴時，應以判決駁回公訴（第1項）。檢察官違反第350條之2第1項第2款第3目有關之同項合意（以維持特定之訴因及罰條起訴意旨者為限）追加或請求變更訴因或罰條時，裁判所不問第312條第1項之規定，應不予准許（第2項）。

三十一、第350條之14（違反合意時證據能力之限制）

檢察官違反第350條之2第1項之合意時，被告依第350條之4之協議所為之供述，或依該合意所為被告之行為取得之證據，不得以之為證（第1項）。前項之規定，關於被告刑事事件之證據，於被告無異議之際，及關於被告以外之人之刑事事件之證據，於該他人無異議時不適用之（第2項）。

三十二、第350條之15（虛偽供述等之處罰） 違反第350條之2第1項之合意時，對檢察官、檢察事務官、司法警察為虛偽之供述或提出偽造、變造之證據者處五年以下之懲役（第1項）。犯前項之罪者，於該合意關係他人之刑事事件裁判確定

前，且在該合意關係自己之刑事事件裁判確定前
自白者，得減輕或免除其刑（第2項）。

第五章　即決判決之程序

第350條之16至第350條之26、第350條之28、第350條
之29（略）

三十三、**第350條之27**：（**傳聞法則不適用於即決審判
之案件**）關於已為第350條之22裁定案件（即決
審判）之證據，第320條第1項規定（被告以外
之人供述書面證據能力之相關規定）不適用之。
但檢察官、被告或辯護人對作為證據之物表示異
議者不在此限。

三十四、**第394條**：（**證據能力**）在第一審得作為證據
者，在第二審亦得作為證據。

三十五、**關於證人之詰問**：任何人均有為證人接受詰問
之義務，詰問證人除另有規定外，須在裁判所為
之。旨在遵循傳聞法則，由裁判所直接透過交互
詰問獲得心證。有關詰問證人之規定如下：

1. **第143條**：（**證人之資格**）除本法規定之特別情
形外，裁判所得將任何人作為證人詰問。

2. **第143條之2**：（**證人之召喚**）裁判所得依裁判
所所定之規則，預定相當之猶豫期間傳喚證人
（2016年新增）。

3. **第144條**：（**公務上秘密及證人資格**）公務員或
曾為公務員者所得知之事實，本人或該公務機關
聲明為關於職務秘密時，未經該管監督機關之承

諾，不得作為證人詰問。但該管監督機關除妨害國家重大利益之情形外，不得拒絕承諾。

4. **第145條：（同前）**左列之人為前條之聲明時，如未經第1款所列之人所屬之院，或第2款之人所屬之內閣之承諾，不得作為證人詰問：

(1)眾議院或參議院之議員或曾任該職者。

(2)內閣總理大臣及其他國務大臣或曾任該職者（第1項）。

前項之情形，眾議院、參議院或內閣，除妨害國家重大利益之情形外，不得拒絕承諾（第2項）。

5. **第146條：（自己之刑事責任及拒絕證言權）**任何人得拒絕致自己受刑事訴追或有罪判決之虞之證言。

6. **第147條：（近親之刑事責任及拒絕證言權）**任何人得拒絕致左列之人受刑事訴追或有罪判決之虞之證言。

(1)自己之配偶、三親等內血親或二親等內姻親或曾為此等關係之人。

(2)自己之監護人、監護監督人或輔佐人。

(3)自己擔任該人之監護人、監護監督人或輔佐人。

7. **第148條：（同前之例外）**對於共犯或共同被告之一人或數人有前條關係之人，就其他共犯或共同被告相關事項不得拒絕證言。

8. **第149條：（業務上秘密及拒絕證言權）**醫師、牙醫、助產師、護理師、律師（含外國法律事務所律師）、代書、公證人、宗教職業者或曾任該職者，就業務上委託而知悉他人秘密有關之事實，得拒絕證言。但經本人承諾之情形，或拒絕證言僅係為被告而可認濫用權利之情形（被告為本人之情形除外），以及其他裁判所規則所定事項之情形，不在此限。

9. **第150條：（到場義務違反及罰鍰、費用賠償）**受傳喚之證人無正當理由不到場時，得以裁定處十萬元以下之罰鍰，且得命其賠償因不到場所生之費用（第1項）。前項裁定得為即時抗告（第2項）。證人無正當理由拒絕宣誓或拒絕證言時亦同（§160）。

10. **第153條：（傳喚書狀之準用）**略。

11. **第153條之2：（證人之留置）**護送或移送受拘提之證人於必要時得暫時留置附近之警察署或其他適當之場所。

12. **第154條：（宣誓）**證人除本法有特別規定之情形外，應宣誓。

13. **第155條：（無宣誓能力）**無法理解宣誓意旨之人，不得令其宣誓且不應詰問（第1項）。前項所列之人為宣誓時，不妨害其供述作為證言之效力（第2項）。

14. **第156條：（推測事項之證言）**證人得就所經

驗之事實為推測之供述（第1項）。前項供述縱
屬於鑑定事項，不妨害作為證言之效力（第2
項）。

15. **第157條：（當事人之在場權及詰問權）** 檢察
官、被告或辯護人，得於詰問證人時在場（第1
項）。詰問證人之時間及場所，應事先通知依
前項規定得在場之人。但上開之人事先向裁判
所明示不在場之意思時，不在此限（第2項）。
第1項規定之人，於詰問證人在場時得告知審判
長並詰問該證人（第3項）。

16. **第157條之2：（詰問證人前之免責請求）** 檢察
官於聲請詰問證人時，預定證人有受刑事訴追
或有罪判決之事項之虞為詰問時，於考慮該證
言之重要性、關係犯罪之輕重、情狀及其他情
事，認為必要時，得預先請求裁判所依下列條
件行之：

(1)證人回答詰問之供述或依此取得之證據，
　　除其行為合於本法第161條（證人無正當理
　　由拒絕宣誓或證言罪）或刑法第169條之罪
　　（偽證罪）事件之場合以外，於該證人之刑
　　事事件不能以之作為其不利之證據。

(2)雖有第146條（不自證己罪之拒絕證言權）
　　之規定，但不得於該證人詰問時以自己有受
　　刑事訴追或有罪判決之虞而拒絕證言（第1
　　項）。

裁判所受前項之請求時，裁判所就該證人應受
詰問事項，除明白確認不包含證人受刑事訴
追，或受有罪判決之虞之事項之場合以外，須
裁定應依同項各款所載條件之旨詰問該證人
（免責裁定2016年增訂）（第2項）。

17. **第157條之3：（證人詰問後之免責請求）** 檢察
官受理證人刑事訴追或關於有罪判決之虞之事
項，認可拒絕證言之場合，於考慮關於該事項
證言之重要性、犯罪之輕重及情狀、與其他情
事認為必要時，得請求裁判所裁定其後對該證
人之詰問須依前條第1項各款所載之條件行之
（第1項）。裁判所受前項之請求時，除足認該
證人不拒絕證言，或於應詰問證人事項除明白
確認不包含證人受刑事訴追，或受有罪判決之
虞之事項之場合以外，須裁定其後應依前條第
1項各款所載條件之旨詰問該證人（2016年增
訂）（第2項）。

18. **第157條之4：（陪同證人出庭）** 為緩和證人不
安或緊張，且不妨害法官或訴訟關係人之詰問
及影響供述內容之虞時，得有人陪同證人出庭
（§157-4）；依犯罪性質、證人年齡，身心狀
態與被告之關係及其他事由，認證人在被告面
前陳述顯有妨害精神平穩之虞者，於聽取檢察
官、被告及辯護人之意見後，得採單方或雙方
間無法認識彼此之措施，但使被告無法認識證

人之措施，僅於辯護人到場時為限（2016年修訂）（§157-5）。

19.**第157條之6：（遠距方式詰問證人）**裁判所在第1款至第3款之人作為證人詰問之情形（有關風化之特定罪名、兒童福祉法所載關於兒童性交易、兒童色情行為之處罰及兒童保護相關之被害者，或依犯罪性質，證人年齡、身心狀態與被告之關係及其他事由認法官及訴訟關係人在場有受到壓迫，而有顯著妨害其精神平穩之虞），於認為適當時，經聽取檢察官、被告或辯護人之意見，得使證人至法官及訴訟關係人所在之場所外，並以影像及聲音傳送於雙方認識之狀態下為證人之詰問（第1項、第2項）。如預期在後續程序就同一事實可能再以證人為供述時，裁判所得將該詰問、供述以儲存裝置記錄之（第3項）。

20.**第158條：（證人於裁判所外或其所在地之詰問）**裁判所考慮證人之重要性、年齡、職業、健康狀態及其他事由與案件之輕重，並聽取檢察官、被告或辯護人之意見，於認為必要時得傳喚至裁判所以外或在其所在處所進行詰問（第1項）。惟事先應給予檢察官、被告或辯護人瞭解詰問事項之機會，檢察官、被告或辯護人得聲請附加必要之詰問（第2項、第3項）。

21.**第159條：（同前）**裁判所對上開不在場之人

應給予瞭解證人供述內容之機會（第1項）。證人之供述對被告有意外顯著不利益之情形，被告或辯護人得聲請詰問必要之事項（第2項）。裁判所認前項之請求無理由時得駁回之（第3項）。

22. **第162條：（命令同行及拘提）**裁判所必要時得以裁定命將證人帶至指定之場所並得拘提。

23. **第163條：（受命法官、受託法官）**在裁判所外詰問證人得由合議庭之構成員為之，或囑託證人所在地之地方裁判所家事裁判所或簡易裁判所法官為之（第1項）。

三十六、**關於鑑定**：裁判所得命有學識經驗之人為鑑定，鑑定人應宣誓（§165、§166）；對被告之心神或身體有關之鑑定，裁判所可發鑑定留置狀定期間將被告留置於醫院或其他相當之場所，並依聲請或職權命司法警察看守（§167）；檢察官及辯護人得於鑑定時在場（§170）。

三十七、**關於證據保全**：被告、嫌疑人或辯護人於第一次審判期日前得聲請保全證據（扣押、搜索、勘驗、詰問證人或鑑定）（§179）；檢察官及辯護人得在裁判所閱覽及抄錄上開文書及證物，但辯護人影印證物須得法官之許可（§180Ⅰ）；第157條之6第4項規定之儲存裝置（有關風化之特定罪名、兒童福祉法所載關於兒童性交易、兒童色情行為之處罰及兒童保護相關之被害者，

或依犯罪性質，證人年齡、身心狀態與被告之關係及其他事由認法官及訴訟關係人在場有受到壓迫，而有顯著妨害其精神平穩之虞，且預期在後續程序就同一事實可能再以證人為供述時所為之儲存裝置）不得抄錄（§180Ⅱ）；被告或嫌疑人受裁判所之許可，得在裁判所閱覽第1項之文書及證物，但有辯護人者不在此限（§180Ⅲ）。

三十八、**協助及合意取證制度：〔平成28年（2016年）新增〕**：檢察官**考量**涉犯特定犯罪之嫌疑人或被告，關於涉犯特定犯罪（第350條之2第2項所載）之他人刑事事件，依其行為**取得**證據之重要性、相關犯罪之輕重及情狀、與本案相關犯罪關聯之程度及其他情事，認為必要時，在嫌疑人或被告於該他人的刑事事件中有法定所載之一或二以上之行為（第350條之2第1項所載）時，得為嫌疑人或被告關於本事件有法定行為（含第350條之2第3項所載為達合意目的之必要事項）為內容之合意。是為取得本案共犯供述他人犯罪之一種新型採證方法，對於特定犯罪之偵查有突破性之做法。檢察官、被告、辯護人聲請或裁判所依職權詰問證人時，檢察官與該證人間就該證人詰問已有合意時，檢察官應速聲請調查該合意書面。合意不成立除法有特別規定外或檢察官違反合意時，被告於協議時所為解明他人犯

罪事實之供述,及因此取得之證據不得作為證據
(§350-14Ⅰ、§350-5Ⅱ、Ⅲ)。

三十九、刑事免責之制度:〔平成28年(2016年)新增〕

(一)第157條之2:(證人詰問前之免責請求)

檢察官於聲請詰問證人時,預定證人有受刑事訴追或有罪判決之事項之虞為詰問時,於考慮該證言之重要性、關係犯罪之輕重及情狀與其他情事,認為必要時,得預先請求裁判所依下列條件進行該證人之詰問:

1. 該證人接受詰問所為之供述,或派生之證據,除刑事訴訟法第161條之罪(無正當理由拒絕宣誓、證言罪)或刑法第169條之罪(偽證罪)等相關案件中使用之情形外,在證人的刑事事件中不得作為不利該證人之證據。

2. 雖有刑事訴訟法第146條之規定(不自證己罪之拒絕證言權),仍不得於證人詰問時,以自己有受刑事訴追或有罪判決之虞而拒絕證言(第1項)。

裁判所受前項之請求時,除足認對該證人之詰問顯不包含可能使該證人受刑事訴追或受有罪判決之虞之事項外,應裁定依前項各款所定條件之意旨詰問證人(第2項)。

（二）**第157條之3：（證人詰問後之免責請求）**

檢察官認為證人對於有受刑事訴追或有罪判決之虞之事項受詰問而拒絕證言時，於考慮該證言之重要性、關係犯罪之輕重及情狀與其他情事，認為必要時，得請求裁判所依前條第1項各款之條件進行對該證人之詰問（第1項）。

裁判所受理前項之請求時，除足認該證人不拒絕證言之場合，或應對該證人詰問之事項，顯不包含可能使該證人受刑事訴追或受有罪判決之虞之事項外，應裁定就此以後，須依前條第1項各款所定條件詰問該證人（亦即依前項各款所定條件之意旨為證人免責之裁定）（第2項）。

　　此刑事免責之裁定（§157-2、§157-3）除該證人之證言不得使用於證人本身所涉之案件外，並無如合意訴訟般適用特定犯罪範圍之限制〔按最高裁原認為：刑訴法尚未採用刑事免責制度，給予刑事免責而取得供述之囑託證人詰問筆錄，不被容許使用於本案之限制[1]，自此即獲得解免〕。

1　最高裁判例集，49卷2號，頁1。

國家圖書館出版品預行編目資料

自由心證法制新趨勢—從自由心證主義之
發展軌跡談起／林賢宗著. -- 初版.
-- 臺北市：五南圖書出版股份有限公
司，2021.03
面；　公分
ISBN 978-986-522-462-2（平裝）

1.審判　2.刑事訴訟法　3.民事訴訟法
4.個案研究

586.5　　　　　　　　　110001686

1T88

自由心證法制新趨勢——
從自由心證主義之發展軌跡談起

作　　者 — 林賢宗（119.7）

發 行 人 — 楊榮川

總 經 理 — 楊士清

總 編 輯 — 楊秀麗

副總編輯 — 劉靜芬

責任編輯 — 呂伊真

封面設計 — 王麗娟

出 版 者 — 五南圖書出版股份有限公司

地　　址：106台北市大安區和平東路二段339號4樓

電　　話：(02)2705-5066　　傳　　真：(02)2706-6100

網　　址：https://www.wunan.com.tw

電子郵件：wunan@wunan.com.tw

劃撥帳號：01068953

戶　　名：五南圖書出版股份有限公司

法律顧問　林勝安律師事務所　林勝安律師

出版日期　2021年3月初版一刷

定　　價　新臺幣350元

五南線上學院

專業圖書NO.1的線上課程

五所不能，學習不南

☑ 專業師資

☑ 證照考試　☑ 實用技能

線上課程老師募集中！

不論年齡大小、教育程度，
只要你在某個領域有過人的知識和經驗，
歡迎投稿，創造你的被動收入。

＊投稿請洽各編輯室

五南線上學院
https://www.wunan.com.tw/tch_home

經典永恆・名著常在

五十週年的獻禮 —— 經典名著文庫

五南，五十年了，半個世紀，人生旅程的一大半，走過來了。

思索著，邁向百年的未來歷程，能為知識界、文化學術界作些什麼？

在速食文化的生態下，有什麼值得讓人雋永品味的？

歷代經典・當今名著，經過時間的洗禮，千錘百鍊，流傳至今，光芒耀人；

不僅使我們能領悟前人的智慧，同時也增深加廣我們思考的深度與視野。

我們決心投入巨資，有計畫的系統梳選，成立「經典名著文庫」，

希望收入古今中外思想性的、充滿睿智與獨見的經典、名著。

這是一項理想性的、永續性的巨大出版工程。

不在意讀者的眾寡，只考慮它的學術價值，力求完整展現先哲思想的軌跡；

為知識界開啟一片智慧之窗，營造一座百花綻放的世界文明公園，

任君遨遊、取菁吸蜜、嘉惠學子！